BURKH Fritsche / Holger Jenrich

Planet Königsblau

Szenen aus 100 Jahren Schalke 04

Burkh Fritsche · Holger Jenrich

Planet Königsblau

Szenen aus 100 Jahren Schalke 04

VERLAG DIE WERKSTATT

Bibliografische Information der Deutschen Bibliothek:
Die Deutsche Bibliothek verzeichnet diese Publikation in der Deutschen Nationalbibliografie; detaillierte bibliografische Daten sind im Internet über http://dnb.ddb.de abrufbar.

Satz und Gestaltung: Verlag Die Werkstatt
Druck und Bindung: Westermann Druck, Zwickau

ISBN 3-89533-446-4

Inhalt

Schützenswertes Kulturgut

Ein Vorwort

Haben Sie in einem Stadion schon mal Schmähgesänge auf Bayer Leverkusen gehört? Hasstiraden auf den VfL Bochum? Schimpfkanonaden auf den VfL Wolfsburg? Höchst selten, nicht wahr? Eher schon lautes Gähnen auf den Rängen. Der Kult-Charakter eines Fußballvereins macht sich keineswegs nur an der Anzahl seiner Freunde fest, sondern ebenso an der Anzahl seiner Feinde. Je vehementer die Beschimpfungen, desto größer die Bedeutung.

Der FC Schalke 04 muss demnach ein echter Riese sein. „Schalke 0-11" hieß es in der ganzen Republik, als der Klub in den 60er Jahren in Gladbach unter die Räder gekommen war. „FC Meineid" hieß es in ganz Deutschland, als Schalker Spieler in den 70ern wissentlich die Unwahrheit über Bestechungsgelder gesagt hatten. „S 04 – die Scheiße vom Revier" heißt es seit eh und je in den Stadien zwischen Hamburg und München, sobald königsblaue Kicker den Rasen betreten. Sieht man einmal von den Bayern ab, denen Fußballfreunde seit Jahrzehnten so gern die Lederhosen ausziehen wollen, wird kein Verein in Deutschland so inbrünstig geschmäht wie der FC Schalke 04.

Ein gutes Zeichen. Beweist es doch, dass der Klub seit seiner Gründung vor 100 Jahren nicht heimlich, still und leise vor sich hin existiert. Sondern in diesen Jahrzehnten Aufs und Abs erlebt, Helden und Halunken gesehen, tragische Niederlagen erlitten und gewaltige Siege gefeiert hat. Sieben deutsche Meisterschaften, vier Pokalerfolge, ein UEFA-Cup-Erfolg: Obwohl der Verein im Laufe der Geschichte mehr als einmal am Boden und beinahe mausetot war, kam er zu Triumphen wie kaum ein anderer. Das macht ihn so liebenswert für seine Freunde und so hassenswert für seine Feinde.

Das vorliegende Buch erinnert augenzwinkernd an Höhepunkte aus 100 Jahren Schalke 04: an unvergleichliche Spieler und unvergessene Spiele, an tolle Meister- und üble Machenschaften, an Ehren- und Leh-, Ball- und Möllemänner. Und liefert mit seinen 35 Lach- und Sachgeschichten ungefragt Argumente dafür, warum der Verein dringend auf die Liste schützenswerter Kulturgüter gehört. Gäbe es den FC Schalke nicht, man müsste ihn erfinden.

Gelb und Rot, wie lieb ich dich

Wie der FC Schalke einst das Licht der Welt erblickte

Um den FC Schalke 04 ranken sich seit jeher jede Menge Mythen. Schließlich will seine Einzigartigkeit sorgsam gehegt und gepflegt werden. Für die Mythenbildung jeder Art erweist es sich als hilfreich, dass die Gründung des Vereins eher im Dunkeln liegt. Wer beispielsweise in Gelsenkirchener Zeitungen aus dem Jahre 1904 stöbert, wird vergeblich nach einer Notiz über die Vereinsgründung Ausschau halten. Erstens war das proletarische Vergnügen Fußball in jenen Tagen nicht unbedingt der Rede wert. Zweitens waren die Knappen seinerzeit kein offizielles Mitglied im Westdeutschen Spielverband (WSV), sondern ein so genannter „wilder Verein", der auf einer holperigen Wiese Freundschaftsspiele austrug.

Und schließlich schleppt der Klub auch keineswegs seit 100 Jahren den stolzen Titel „FC Schalke 04" mit sich herum. Unter diesem Namen firmiert der Verein nämlich erst seit dem 5. Januar 1924, nachdem er fünf Jahre lang gar als Turn- und Sportverein (TuS) Schalke zu Buche gestanden hatte. Nein – der offizielle Geburtsname des Vereins lautet „Westfalia Schalke". Schließlich war es unter Leibesertüchtigern zu Beginn des vergangenen Jahrhunderts schwer in Mode, durch lateinische Namen eine gewisse Noblesse und handfestes Heimat- bzw. Nationalbewusstsein zu signalisieren.

Warum die Wahl nicht auf „Borussia" oder „Germania", auf „Teutonia" oder „Viktoria" fiel, entzieht sich der Kenntnis der Chronisten. Klar ist hingegen, wer den Klub im Jahre 1904 eigentlich aus der Taufe hob: Jugendliche aus dem westlichen Gebiet des Gelsenkirchener Stadtteils Schalke waren es. Im Gegensatz zu vielen anderen Traditionsvereinen entstammten sie jedoch nicht dem Bürgertum, sondern ausschließlich dem Arbeitermilieu. Sie kamen aus der Herzogstraße, der Gewerkenstraße, der Hammerstraße. Brachten es im Schnitt auf ein Lebensalter von gerade einmal 14 Jahren. Und waren dem Fußball zugetan, weil sie den örtlichen Balltretern von „Spiel und Sport Schalke 96" allsonntäglich von der Bismarcker Rampe aus bei ihrem sportlichen Tun zugesehen hatten.

Erster Vorsitzender und gleichzeitig Mannschaftsführer des neuen Klubs, der auf einer Wiese am Haus Goor sein erstes Zuhause hatte, wurde der 14-jährige Schlosserlehrling Wilhelm Gies. Er und seine Mitstreiter legten in einer ersten Amtshandlung denn auch die offiziellen Vereinsfarben fest. Von dem Mythos „Blau und Weiß" war seinerzeit übrigens noch keine Spur – die Gründerväter des S 04 standen auf knalliges Gelb-Rot...

Schalker Anfänge...

Ball(er)mann lässt grüßen

Wie zwei „Engländer“ den Flachpass importierten

Eigentlich müssten sie bitter enttäuscht sein, die Menschen aus Istanbul oder Izmir, Adana oder Antalya. Zehntausende von ihnen sind seit den 60er Jahren ins Ruhrgebiet gezogen. Haben sich Gelsenkirchen zur neuen Heimat ausgewählt. Und als Kumpels unter Tage den Reichtum der Bundesrepublik gemehrt. Und was macht der FC Schalke? Lässt in 40 Jahren Bundesliga gerade mal fünf Türken im blau-weißen Dress auflaufen: Ilyas Tüfekci, Hami Mandirali, Ünal Alpugan, Hamit Altintop, Volkan Ünlü. Dafür aber BeNeLuxer en masse, Polen satt, jede Menge Latinos. Und als Zeichen internationaler Völkerfreundschaft den einen oder anderen Exoten aus Winkeln der Welt, die man mit Fußball so gar nicht in Verbindung bringen mag: Angola (Miguel Pereira), USA (Tom Dooley), Luxemburg (Nico Braun) und natürlich Österreich (Edi Glieder).

Seit der Ungar Gyula Toth in der Saison 1964/65 den Kasten der Knappen mehr schlecht als recht sauber hielt, hat der FC Schalke den Fans Dutzende ausländischer Balltreter präsentiert. Publikumslieblinge wie den Belgier Marc Wilmots, Genies wie den Jugoslawen Branco Oblak, Mitläufer wie den Dänen Bjaerne Goldbaek, Flops wie den Russen Denis Kliujew. Die vielleicht wegweisendsten „Gastarbeiter“ der Vereinsgeschichte spielten indes schon zu Beginn der 20erJahre auf Schalke.

Die Brüder Fred und Hans mit dem nicht erfundenen Nachnamen Ballmann waren gebürtige Dortmunder, sprachen aber statt des breiten Ruhrpottidioms ausschließlich Englisch. Mit ihren Eltern noch zu Kinderzeiten nach Britannien emigriert und dort zu Bergmännern gereift, waren sie während des Ersten Weltkriegs als Deutsche interniert und 1920 ausgewiesen worden. Nach der unfreiwilligen Rückkehr in die ihnen fremde Heimat fanden sie auf Schalke Arbeit als Kumpels und Anerkennung als Kicker.

Die beiden „Engländer“ – Mittelläufer der eine, Linksaußen der andere – beendeten bei den Schalkern die Ära der Bolzerei und führten technische Feinheiten ein. Doppelpass, Fallrückzieher, Drop-Kick: Die Ball(er)männer wurden von Mitspielern wie Zuschauern bisweilen eher für Zirkusartisten als für Sportler gehalten. Für die Wegbereitung des „Schalker Kreisels“ gebührt ihnen noch heute Dank und Ruhm. Und für die Einführung des „schottischen Flachpasses“ posthum ein ordentliches Patent.

MISSION
Zu Ernst Kuzorras Zeiten gab es noch den schönen Beruf des Vereinspfarrers! Da waren die Spieler katholisch oder evangelisch!! Aber heutzutage: Mohammedaner, Konfuzianer Zen-Buddhisten, Postkommunisten, Rastafaris, Voodoos, Scientologen und Schamanen —
welch eine Herausforderung, Männer !!!
BURKH

Multikulti

Freunde und Helfer

Wie Ernst Kuzorra den höheren Polizeidienst verpasste

Dass der FC Schalke in den 20er und 30er Jahren zur besten und beliebtesten Fußballmannschaft Deutschlands aufstieg, hat er in erster Linie zwei Männern zu verdanken. Sie denken spontan an Szepan und Kuzorra? Damit liegen Sie einerseits richtig – und andererseits total daneben! Die wahren Helden nämlich heißen „Tullux“ Valentin und Leo Sauer. Ohne die unkonventionellen Aktionen dieser beiden Männer wäre der raketenhafte Aufstieg der Knappen wohl nie zustande gekommen – und Ernst Kuzorra nicht für immer und ewig Schalker geblieben.

1926 hatte der 21-jährige Stürmerstar, der mit der blau-weißen Kreiselmannschaft immerhin westdeutscher Kreismeister geworden war, genug vom Bergmannsdasein und sich erfolgreich bei der Polizeischule in Münster beworben. Als Kuzorra das Einberufungsschreiben voller Stolz seinen Mitspielern präsentierte, machte Kickkumpel Valentin kurzen Prozess mit allen Wechselplänen – „Tullux“ zerfetzte das Papier vor versammelter Mannschaft und beschied: „Du bleibst hier!“ Und als 1927 der Dortmunder SC den zechenmüden Ballzauberer mit einem Job bei einer Brauerei zum Vereinswechsel überreden wollte, sprang in letzter Minute der Gelsenkirchener Metzgermeister Sauer in die Bresche, bezahlte Kuzorra den Führerschein und verpflichtete ihn als Fahrer.

Der solcherart vom Unter-Tage-Joch Befreite dankte auf seine Art. Bis er 1949 im Oberliga-Duell gegen Rhenania Würselen 44-jährig letztmalig das Schalker Leibchen trug, war er längst Legende. Er hatte das so genannte Kreisel-System perfektioniert. War im November 1927 erster Nationalspieler des Vereins geworden. Hatte am 24. Juni 1934 im Finale gegen den 1. FC Nürnberg in der 90. Minute das entscheidende Tor zur ersten Deutschen Meisterschaft erzielt. Hatte mit seinen Jungs fünf weitere nationale Titel (1935, 37, 39, 40, 42) und einen Pokalsieg (1937) errungen. War wegen frecher Worte gegenüber Reichstrainer Nerz schon 1933 aus der Nationalmannschaft ausgeschlossen worden. Hatte den Job des Tabakwarenhändlers unter Fußballern salonfähig gemacht. Und den Begriff der Schalker Familie mit Leben gefüllt, indem er die Schwester des Vereinswirts ehelichte.

Als er am 1. Januar 1990 starb, endete auf Schalke eine Ära. Von Ernst Kuzorra spricht man noch heute mit Hochachtung – von seinem Schwager Fritz Szepan nicht unbedingt...

Freiheitsberaubung für Ernst Kuzorra

Heraus zum 1. Juni!

Wie einmal aus einem Fußballspiel eine Demonstration wurde

Jahrzehntelang war, was den Fußball anging, England das Maß aller Dinge gewesen. Auf der Insel hatte man Elfmeter und Abseits erfunden. Oder festgelegt, wie hoch und breit ein Tor zu sein hatte. Brav hatte der deutsche Fußball alles nachvollzogen, was die Pioniere in London oder Leeds vorgemacht hatten. Nur eine britische Entscheidung wollte man partout nicht auf germanische Verhältnisse übertragen – die Einführung des Berufsspielertums.

Während manche Kollegen jenseits des Kanals bereits seit 1885 für Pfund und Pennys kickten, war ein solches Profitum in Deutschland zu Beginn der 30er Jahre weiterhin verboten. Ein eherner Grundsatz, der dem Amateurstatus als edlem Ideal huldigte, hinter den Kulissen jedoch eifrig gebrochen wurde. In den Tagen der Weltwirtschaftskrise steckte nahezu jeder Klub seinen besten Spielern den einen oder anderen Batzen Geldes zu, um ihnen in Zeiten schlecht bezahlter Jobs oder bei Arbeitslosigkeit über die Runden zu helfen.

Auch der FC Schalke handhabte nicht allzu heimlich dieses illegale Zubrot. Während aber Deutschlands Fußball-Funktionäre in dieser Frage bei jedem bürgerlichen Verein Gnade vor Recht ergehen ließen, statuierten sie bei den Arbeiterfußballern aus Gelsenkirchen ein Exempel. Sie erklärten im August 1930 sämtliche Schalker per Dekret zu Berufsspielern – und schlossen somit die gesamte erste Mannschaft vom Spielbetrieb aus. Die Fußballfreunde an Rhein und Ruhr tobten, die Spieler rebellierten, die Zeitungen schrieben vom „Dolchstoß gegen Schalke 04“. Willi Nier, als Finanzobmann des Vereins für die verbotenen Zahlungen und die finanziellen Tricks verantwortlich, ertränkte sich gar einen Tag nach dem Urteilsspruch im Rhein-Herne-Kanal.

Erst ein Jahr später – die Proteste waren über die Monate eher lauter als leiser geworden – fasste der DFB den Amateurstatus neu und begnadigte die Schalker Fußballer. Eine Entscheidung, die das ganze Ruhrgebiet am 1. Juni 1931 mit einer Art Erdbeben feierte. An jenem ganz normalen Werktag traten Kuzorra, Szepan, Tibulski und Co. nach Ablauf der Sperre erstmals wieder in Schalker Leibchen vor den Ball. Zum Freundschaftsspiel gegen Fortuna Düsseldorf überschwemmten mehr als 70.000 Menschen die für 34.000 Besucher ausgelegte Schalker Glückauf-Kampfbahn und machten aus einem simplen Freizeitvergnügen ein demonstratives Zeichen der Solidarität. Mehr Zuschauer hatte es bis dato bei einem Fußballspiel in Deutschland nicht gegeben.

Zuschauerrekord

Prominenter Profiteur

Wie Fritz Szepan seinen Jahresverdienst verzehnfachte

Die Grünen hatten in einer Stadt wie Gelsenkirchen eigentlich nie eine bedeutende Rolle gespielt. 1933 wählte die Mehrheit an der Emscher gehorsam (vielleicht auch widerwillig) braun, später jahrzehntelang rot, zuletzt überraschend schwarz – und fußballtechnisch natürlich blau-weiß. Im Sommer 2001 indes gaben die Alternativpolitiker ein weithin sichtbares Lebenszeichen von sich. Die grünen Stadtverordneten Tertocha und Sott nämlich gaben öffentlich zu bedenken, ob man im Bereich der neuen S04-Arena einen Weg denn wirklich nach Fritz Szepan benennen wolle – der sei doch schließlich eine politisch höchst zweifelhafte Figur.

So sehr eingefleischte Schalke-Fans auch Gotteslästerung witterten und Denkmalschutz einforderten – die Fakten sprachen gegen den Schalker Heros. Hatte nämlich Ernst Kuzorra immer die Rolle des Unbeugsamen zu spielen vermocht, so war sein kongenialer Fußball-Partner und späterer Schwager Szepan offenbar eher ein gefügiger Opportunist. Als die neuen Staatslenker nach Hitlers Machtergreifung den FC Schalke 04 zum nationalsozialistischen Musterklub aufzubrezeln versuchten, bliesen sie gleichzeitig den fidelen Fritz zum Vorzeigesportler auf. Groß, blond, willensstark: Der naive Balltreter mit dem Hans-Albers-Touch spielte seine Rolle gut und gerne.

Er rief bei den Wahlen zum Großdeutschen Reichstag dazu auf, das Kreuz doch tunlichst bei der NSDAP zu machen. Wurde Mitglied der SA und anderer NS-Organisationen. Hob als Kapitän der nationalen Elf bei der 34er- wie der 38er-WM immer artig den rechten Arm. Und bekam am 5. November 1938 seine Belohnung – im Zuge der Enteignungen ging das jüdische Kaufhaus „Julius Rode“ am Schalker Markt für lächerliche 7.000 Reichsmark in die arischen Hände des damals 31-Jährigen über.

Während die seinerzeitigen Besitzer später nach Riga deportiert und ermordet wurden, verzehnfachte Szepan mit diesem Schnäppchen fortan seinen Jahresverdienst. Und galt, bis die Grünen Jahrzehnte danach Gift und Galle spuckten, als Malocher-Idol und Kumpel-Prototyp. Die Gutachten indes, die diverse Wissenschaftler beim Streit um die Namensgebung zum Falle „Szepan“ erstellten, ramponierten seinen Ruf nachhaltig. „Geringe Distanz zum Dritten Reich“, „staatlich legalisierter Raub“, „Profiteur“ – der Gedanke an einen „Fritz-Szepan-Weg“ verschwand erst einmal in der Schublade. Und da wird er wohl auch für immer bleiben...

Geschäftsmann Szepan

Wiener Walzer

Wie die Schalker einst die Verhältnisse zum Tanzen brachten

Manchmal bedarf es im Fußball offenbar einer traumatischen Erfahrung, um ganz nach oben zu gelangen. 1971 klaute der DFB der Gladbacher Borussia kurz vor Saisonschluss wegen eines gebrochenen Pfostens am grünen Tisch zwei Punkte – am letzten Spieltag holten die Fohlen aus Trotz den Titel. 1996 stieg der 1.FC Kaiserslautern unter unglücklichen Umständen erstmals aus der Bundesliga ab – die Roten Teufel stiegen ein Jahr später wieder auf und wurden als erster Aufsteiger der Ligageschichte prompt Deutscher Meister.

Ein paar Jahrzehnte zuvor hatte der FC Schalke auf ähnliche Art und Weise auf Skandale und Schikanen reagiert. Die Spielsperre 1930/31 hatte Mannschaft und Verein bis ins Mark getroffen. Doch als die Spieler nach einer Änderung der Statuten endlich wieder mitkicken durften, spielten sie sich in der Folgezeit mit Wut im Bauch und Genialität im Fuß in einen regelrechten Rausch. Ihren „Schalker Kreisel", ein verwirrendes Kunststück aus Passspiel und Treffsicherheit, perfektionierten die Blau-Weißen derart, dass sie schon zu Lebzeiten als „beste Vereinsmannschaft aller Zeiten" galten – weltweit, wohlgemerkt, nicht deutschlandweit ...

Auch wenn man derartiges in Madrid, Mailand oder Manchester nicht gerne hören wird – die Erfolge der Knappen sprechen für diese kühne Behauptung. Zwischen 1933 und 1942 standen die Schalker schließlich in neun von zehn Endspielen um die Deutsche Meisterschaft und gewannen davon sechs. Auch das Finale um den Deutschen Pokal ging in jenen Jahren nur selten ohne königsblaue Beteiligung über die Bühne. Zwischen 1935 und 1942 hatten es die Schalker fünfmal bis ins Endspiel geschafft. Ein einziges allerdings gewannen sie nur – 1937 mit 2:1 über Fortuna Düsseldorf. Ein Ereignis übrigens, das Sportgeschichte schreiben sollte: S 04 war damit erster Double-Gewinner in der Historie des deutschen Fußballs.

Höhepunkt jener Jahre bleibt jedoch das Meisterschaftsfinale am 18. Juni 1939 im Berliner Olympiastadion. Die zwangseingedeutschte Admira aus Wien wurde von den Knappen durch fünf Kalwitzki-Tore und je einen Treffer von Urban, Tibulski, Szepan und Kuzorra mit 9:0 regelrecht auseinander genommen. Ein größeres politisches Zerwürfnis der „großdeutschen" Bevölkerungsgruppen hatte dieser Kantersieg leider nicht zur Folge. Im Gegenteil: Nur wenige Wochen später sollten sich die Deutschen aus dem „Altreich" gemeinsam mit den „Ostmark"-Österreichern aufmachen, ganz Europa mit Terror und Krieg zu überziehen...

Der legendäre Schalker Kreisel
(und seine Spätfolgen)

Der „Schwatte“ und sein Tor

Wie Willi Koslowski Sportgeschichte schrieb

Während der zwölf Jahre des Nationalsozialismus hatte der FC Schalke so etwas wie ein Endspiel-Abonnement gezeichnet und sechsmal die „Viktoria“-Statue für den Meistertitel hochstemmen dürfen. Bis die Knappen den Trophäen-Nachfolger, die Salat-Schüssel, zum ersten Mal in den Himmel halten durften, sollten 14 lange Jahre vergehen.

Jahre, in denen ausgerechnet die regionale Konkurrenz aus Essen bzw. Dortmund national mehrmals die Nase vorn hatte. Jahre, in denen die Kuzorras und Szepans und Tibulskis den blau-weißen Staffelstab Stück für Stück an die Dargaschweskis und Jagielskis und Matzkowskis abgaben. Jahre, in denen Oberligist Schalke eher bieder vor sich hinkickte und außer einem 20:0 gegen die SpVgg Herten im Februar 1947 (elf Tore durch Herbert Burdenski) kein wirklich erinnernswertes Ergebnis zustande bekam.

Das sollte sich erst 1958 ändern. Nach der Oberliga-Meisterschaft und Siegen über Braunschweig, Tennis Borussia sowie Karlsruhe putzten die blau-weißen Jungs den Uwe-Seeler-HSV im Endspiel mit 3:0. Wenngleich Klodt (2x) und Kreuz für die Tore gesorgt hatten – stilbildend für die nächsten Jahre sollte Willi Koslowski werden.

Aus der eigenen Jugend hervorgegangen, verzückte der 21-Jährige die Massen mit einer unorthodoxen Spielweise, die spätere Generationen vielleicht als Mischung aus Gerd Müller, Bernd Hölzenbein und Stan Libuda bezeichnet hätten. Sich in den Gegner hineindrehen, Elfmeter schinden, den Flügel entlangflitzen – „der Schwatte“ vereinigte in sich derart unterschiedliche Talente, dass er in späteren Jahren sogar Nationalspieler und WM-Teilnehmer werden sollte.

Doch die Fans auf den Rängen hatten ihn noch aus einem anderen Grund ins Herz geschlossen. Koslowski war im Kreise der 58er-Helden der letzte Bergmann – der Knappenbrief der Zeche „Hugo“ war den Anhängern des Klubs Ausweis für ordentlichen Stallgeruch. Passenderweise sollte es auch Koslowski sein, der 1963 bei Gründung der Bundesliga beim 2:0 über den VfB Stuttgart das erste Schalker Tor erzielte. Der Verein schrieb dadurch Sportgeschichte und wurde erster Tabellenführer der neuen Spielklasse. Der „Schwatte“ hatte damit genug für seinen Verein getan – zwei skandalöse Jahre später wechselte er zu Rot-Weiß Essen.

Vom Pütt an die Börse?

Verdächtiges Doppelpack

Wie der FC Schalke leckere Skandalnudeln kochte

Im Ruhrgebiet wurde über Jahrzehnte schwer gearbeitet und schlecht verdient. Was die Männer unter Tage und an den Stahlöfen wegmalochten, drückte sich in dem, was sie letztlich in ihrer Lohntüte fanden, nur unzureichend aus. Was Wunder also, dass die Menschen im Revier bisweilen abenteuerliche Methoden erfanden, um ihren Wohlstand auf inoffizielle Weise ein wenig zu mehren.

Auch der FC Schalke 04 bediente sich im Laufe seiner Geschichte zuweilen der Dienste finanztechnisch innovativer Herren, die von doppelter Buchhalterei bis zu bescheidener Bestechung etliche pekuniäre Zaubertricks in petto hatten. Schon 1929 wurden Kuzorra und Co. komplett vom Spielbetrieb ausgeschlossen, weil sie als offizielle Amateure unerlaubterweise finanzielle Zuwendungen eingestrichen hatten. Jahrzehnte später, im Zuge des Bundesligaskandals 1971, hatten sich die hoffnungsvollen Jungstars um Rüssmann und Fischer für tapferes Verlieren derart ungeschickt von anderen Klubs entlohnen lassen, dass der DFB einzelne Kicker über Monate oder Jahre sperrte und den Aufstieg der Schalker zur dritten Kraft im deutschen Fußball somit jäh zunichte machte.

Zwischen beiden Ereignissen lag 1963 der Start der neu gegründeten Bundesliga, den die Schalker abermals in kassentechnisch unorthodoxer Manier zu meistern versuchten. Laut Richtlinie des DFB lag bei einem Vereinswechsel eines Vertragsspielers die Obergrenze der Ablösesumme bei 50.000 Mark, 20 Prozent dieser durchaus erklecklichen Summe durfte der wechselwillige Balltreter in die eigene Tasche stecken.

10.000 Mark jedoch reichten dem Karlsruher Nationalspieler Günter Herrmann nicht, um sich von Baden in den Kohlenpott locken zu lassen. Also bewies Königsblau einmal mehr Erfindungsgeist. Und verpflichtete vom KSC gleich noch einen gänzlich unbekannten Ballsportler namens Hans-Georg Lambert. Das trieb die Ablöse für das Doppelpack aus dem Südwesten auf 100.000 Mark – und Herrmann prompt nach Gelsenkirchen.

Dem DFB indes kam der Deal verdächtig vor. Er wollte nicht glauben, dass die Summe gerecht durch zwei geteilt worden war, prüfte die Bücher und verurteilte S 04 wegen Verstoßes gegen das Lizenzspielerstatut zum Abzug von vier Punkten. Das Urteil wurde später zwar aufgehoben – das Image einer Skandalnudel aber wurde Schalke erst einmal nicht los.

Schalke – Vertragsgenie

Elf Tore müsst ihr kriegen

Wie Schalke 04 einmal kurz vor der Umbenennung stand

Es gibt Tage, da entlässt die Revolution ihre Kinder. Und es gibt Tage, da frisst sie ihre Väter. Der 7. Januar 1967 war ein solcher Tag. Und Fritz Langner fiel ihm zum Opfer. Eigentlich hätte er wissen müssen, was ihm blüht. Schließlich hatte er die Lawine, die ihn da mit Karacho überrollen sollte, zum Teil selbst losgetreten.

Die Knappen hatten im Frühjahr 1964 mal wieder Geschichte schreiben wollen und Georg Gawliczek als insgesamt dritten Trainer der Bundesliga-Geschichte vor Ablauf seines Vertrags hinausgeworfen. Als Nachfolger hatte man auf Schalke schnell Fritz Langner ausgeguckt. Der war angenehm aufgefallen, weil er in Mönchengladbach – einem bis dato völlig unbedeutenden Flecken irgendwo am Niederrhein – einer Hand voll junger Regionalliga-Hüpfer recht ansehnlichen Fußball beigebracht hatte. Dem Lockruf des Geldes konnte der „Eiserne Fritz“ jedoch nicht widerstehen. Er wechselte kurzerhand von Schwarz-Weiß zu Blau-Weiß, von der zweiten in die erste Liga. Und überließ einem gewissen Hennes Weisweiler als seinem Nachfolger die Obhut über den Kicker-Kindergarten der Gladbacher Borussia, in dem die hoffnungsvollsten Knaben Herbert Laumen und Günter Netzer hießen.

Drei Jahre später waren die Buben groß. So groß wie noch niemand vor ihnen. Die inzwischen aufgestiegenen Gladbacher verdroschen am Bökelberg den ruhmreichen FC Schalke mit 11:0 – der bis dato höchste Liga-Sieg und die bis heute schlimmste Knappen-Pleite. Viermal Rupp, dreimal Laumen, je zweimal Heynckes und Netzer: Torhüter Elting, Ausputzer Fichtel, Stopper Pyka und all die anderen ergaben sich irgendwann wehrlos in ihr Schicksal. „Die haben jetzt für zehn Jahre genug“, frohlockte anschließend Gladbachs Ersatztorwart Manfred Orzessek, der 1958 noch mit Schalke Meister geworden war.

Doch er sollte Unrecht behalten. Nur eine Woche nach der Umbenennung in „Schalke 011“ rächte sich Blau-Weiß und schmiss die Gladbacher kurzerhand mit 4:2 aus dem Pokal. Elf Jahre später waren die Knappen auf geschickte Weise übrigens auch den Makel der höchsten Niederlage der Bundesligageschichte los. Sie hatten einfach Reservekeeper Endrulat an die Dortmunder Nachbarn abgegeben – und mit dem im Kasten fing sich der BVB im April 1978 ein bis heute unerreichtes 0:12 ein. Der Gegner? Borussia Mönchengladbach...

0:11 gegen Gladbach verloren !!!

Schnell im Biss

Wie ein deutscher Schäferhund Schlimmeres hätte verhindern können

Noch heute soll es in aller Welt Menschen geben, die jene Ereignisse vom 6. September 1969 auf das Außerordentlichste bedauern. Nicht dass geschehen ist, was geschehen ist, erregt sie 35 Jahre nach den spektakulären Bildern. Sondern dass nicht *mehr* geschehen ist als das, was geschehen ist.

Beim Derby gegen den hassgeliebten schwarz-gelben Nachbarn hatten die Knappen in der Kampfbahn „Rote Erde“ mächtig Moral gezeigt und am Ende verdient ein 1:1 ertrotzt. Was die S04-Fans frohlocken ließ. Die BVB-Anhänger hingegen erzürnte. Und einen Schäferhund der Dortmunder Ordner schon in der ersten Halbzeit so sehr in Rage brachte, dass er seiner Wut mit zwei kraftvollen Bissen Ausdruck verlieh. Der erste galt der linken Wade von Gerd Neuser – der Mittelfeldmann musste mit Lähmungserscheinungen zum Arzt. Der zweite galt dem opulenten Hintern von Friedel Rausch – der Abwehrrecke bekam eine Tetanusspritze und grätschte tapfer bis zum Ende durch.

Eine tierische Attacke mit Folgen für beide Schalker. Während der filigrane Techniker Neuser der Liga wenige Monate später ade sagte, fühlte sich der rustikale Rabauke Rausch durch den unfreiwilligen Körperkontakt mit der Terror-Töle geradezu gedopt und zu neuen Taten angespornt. Er schulte nämlich wenig später von Terrier auf Trainer um – was sich zwar nicht in Schalke, aber ansonsten quer durch Europa als fatal erweisen sollte.

Er führte VV Maastricht, den 1.FC Nürnberg, den FC Luzern und Eintracht Frankfurt zielsicher in die Zweite Liga. Ließ sich in Lautern und Gladbach feuern, als der Abstieg hüben wie drüben kaum noch zu verhindern war. Und würzte seine Erfolglosigkeit mit Sprüchen, die ihn als Mischung aus Militärpfarrer („Ich brauche Männer, keine Memmen“), Mathe-Genie („Wir haben viele Zweikämpfe gewonnen, also die meisten“) und Möchtegern-Sozi („Arbeiten, arbeiten, arbeiten – und dann sieht man weiter“) auswiesen.

Friedel Rausch hinterließ an manchen Stätten seines Wirkens verbrannte Erde, des Ordnungshüters Köter an seiner rechten Po-Backe eine sechs Zentimeter lange Narbe. Genug, um wehzutun. Aber zu wenig, um den Mann dauerhaft aus dem Fußballfeld zu schlagen. Vermutlich hat sich der Rüde nicht so recht getraut – da er Friedels Image als Wadenbeißer kannte, fürchtete er wohl ein Revanchefoul…

Brot und Spiele

Ein Fummler vor dem Herrn

Wie Stan Libuda einmal den Allmächtigen umdribbelte

Der Wahrheit ins Auge zu sehen fällt schwer. Und doch müssen sich blau-weiße Anhänger mit der Tatsache abfinden, dass einer ihrer ganz besonderen Lieblinge das wichtigste Tor seiner Karriere ausgerechnet im Trikot der schwarz-gelben Lieblingskonkurrenz erzielte. Im Mai 1966 war das, im Hampden Park von Glasgow, im Endspiel des Europapokals der Pokalsieger gegen den FC Liverpool. In der Verlängerung titscht ein 30-Meter-Heber von rechtsaußen an den Innenpfosten des englischen Tores, prallt dem armen Verteidiger Yeats vor die Knochen und kullert ins Tor. 2:1 – Borussia Dortmund ist Europacup-Sieger. Und Reinhard Libuda, der Schütze des entscheidenden Treffers, der Star des Abends.

So versehentlich, wie der Ball den Weg ins Tor gefunden hatte, so versehentlich war der gebürtige Gelsenkirchener überhaupt beim BVB gelandet. Im Sommer 1965 war der FC Schalke sportlich in die Regionalliga abgestiegen. Als der DFB dem blau-weißen Traditionsverein Gutes tun wollte, die Liga kurzerhand von 16 auf 18 Teams aufstockte und damit Schalkes Erstliga-Existenz sicherte, hatte der damals 21-Jährige aus Verzweiflung über den sportlichen Misserfolg längst beim Nachbarn unterschrieben.

Ob er aus Wut über die späte Entscheidung am grünen Tisch wirklich sein Borussen-Dress zerrissen hat, wie gerne kolportiert wird, sei einmal dahingestellt. Richtig glücklich, wenn er das überhaupt jemals war, schien der bescheidene Bergmannssohn nämlich nur auf Schalke. Dort hatte er 1962 mit 17 angefangen. Dort war er noch unter Herberger Nationalspieler geworden. Dort hatte er die Position des Rechtsaußens fummelnd und hakenschlagend derart revolutioniert, dass ihn die Fachwelt fortan ehrfürchtig „Stan" rief – weil er die Tricks der englischen Stürmerlegende Stanley Matthews (rechts antäuschen, links vorbei) so gut beherrschte. Der Junge vom Schalker Markt, schon als Teenager in der Werkself der Zeche „Unser Fritz" eine Augenweide, wurde zeitweise fast kultisch verehrt. Und dass Betbruder-Plakate mit der Aufschrift „An Gott kommt keiner vorbei" mit krakeliger Handschrift um den Zusatz „Außer Libuda" erweitert wurden, ist mehr als nur Legende.

Doch dem Ruhm war er nicht gewachsen. Schnelle Autos, großes Geld, falsche Freunde – nach seiner Rückkehr zum FC Schalke 1968 und der 1970er-WM in Mexiko entglitten Libuda nach und nach Karriere und Leben. Gedemütigt, krank und völlig mittellos starb er 1996 im Alter von 52 Jahren an Herzversagen.

Stan Libuda dribbelt weiter

Englisches Geschnetzeltes

Warum Trainer auf Schalke eine Macke haben müssen

Das Paradies für Fußballlehrer liegt im Breisgau. Seit Juli 1993 trainiert Volker Finke dort die Balltreter des SC Freiburg. In diesen Jahren durfte er mit seiner Mannschaft aufsteigen und absteigen, knapp siegen und hoch verlieren, klasse spielen oder unterirdisch rumdümpeln: In Gefahr geriet sein Arbeitsplatz nicht ein einziges Mal.

In Gelsenkirchen dagegen herrscht für Bundesligatrainer chronische Schleudersitzgefahr. Zwar werden die Übungsleiter auf Schalke nicht gar so häufig aus dem Amt gekegelt wie etwa in Saarbrücken (fünf Erstligajahre / sieben Trainer) oder Hannover (15 Erstligajahre / 19 Trainer). Doch in 36 Jahren in Deutschlands Fußball-Oberhaus 30 Trainer zu verschleißen, ist auch eine stolze Leistung. Wobei Ivica Horvath die Quote ganz schön kaputt macht. Der Ungar arbeitete von 1971 bis 1975 für die Knappen, 1978/79 dann noch einmal für 25 Spieltage – eine derartige Langlebigkeit ist Schalkes Trainern in der Regel nicht beschieden. Karl-Heinz Marotzke durfte sich 1967 zwölf Spieltage lang versuchen, Klaus Fischer 1992 sowie das Duett Rudi Assauer / Heinz Redepennig 1981 gar nur deren drei. Herren wie diese haben als Teamchefs zwar keinerlei Spuren hinterlassen, sind dafür aber auch nicht als Marottenkönige oder Sprücheklopfer, Scharlatane oder Selbstdarsteller, Zirkusdompteure oder sonstwie bunte Hunde auffällig geworden.

Von dieser Sorte freilich gab's auf Schalke jede Menge. Ein bunter Hund war fraglos Rudi Gutendorf, der den Lehrsatz „Wer nur Fußball spielt, verblödet" aufstellte und seinen Eleven Schnellkurse in Rudimentär-Englisch verabreichte – nach deren unfallfreier Absolvierung hätte etwa Stan Libuda bei internationalen Spielen in der Lage sein sollen, seinem Gegenspieler mit der höflichen Sentenz „I am the right wing" ein Gespräch aufzuzwingen. Peter Neururer ließ in einem Anflug absurdesten Aberglaubens seine Familie wochenlang ein und dasselbe Gericht essen, bis Schalkes Siegesserie endlich riss – noch heute sollen Gattin und Sohn mit Erbrechen auf die bloße Erwähnung des Wortes „Geschnetzeltes" reagieren.

Der Hammerhärteste aber bleibt auf ewig Max Merkel. Der Wiener vergraulte Norbert Nigbur. Fühlte sich beim Anblick Oblaks an ein „Biafrakind" erinnert. Hielt die Autobahnauffahrt Richtung München stets für das Beste an Schalke. Und trompetete: „Ehe der Abramczik in der Nationalelf spielt, singe ich an der Mailänder Scala." Auf eine Kostprobe seines Talents wartet die Fachwelt glücklicherweise noch heute...

Die Goldenen 70er:
Als jeder mal Trainer auf Schalke sein konnte...

Verliererlohn im Hosensafe

Wie auf Schalke der Meineid salonfähig wurde

In Sachen Technik sind ihnen die Spanier um Längen voraus. In Sachen Taktik können sie gegen die Italiener nicht anstinken. Und in Sachen Kampfkraft hecheln sie den Briten hoffnungslos hinterher. Wenn's aber um Geld geht, dann zeigen sich die deutschen Balltreter erfindungsreich und clever wie sonst keiner.

Der Gladbacher Pflipsen zerrte seinen Klub vor Gericht, weil er wie ein normaler Arbeitnehmer behandelt werden und zusätzlich zu seinem bescheidenen Salär noch ein sattes Urlaubsgeld kassieren wollte. Der Bayer Deisler ergatterte vom Rekordmeister ein Handgeld von zehn Millionen Euro, ohne das er sich zum Wechsel von der Spree an die Isar nicht hätte entschließen können. Und die Dortmunder Profis drehten den gierigen Häschern aus dem Hause Eichel eine lange Nase, indem sie sich einen Teil ihres Gehaltes in Form steuerfreier Nacht- und Feiertagszuschläge auszahlen ließen.

Wie nachgerade bescheiden gaben sich dagegen 30 Jahre früher die Schalker. Sie ließen sich einfach fürs Verlieren bezahlen – und fertig war die Laube. 40.000 Mark hatten die abstiegsbedrohten Bielefelder Arminen dem Spitzenteam aus Gelsenkirchen für einen Sieg in der Glückauf-Kampfbahn geboten. Die blau-weißen Jungs errechneten – wie gut, dass Rolf Rüssmann einst Bankkaufmann gelernt hatte! – einen Betrag von 2.300 Emmchen pro Nase. Einigten sich auf Klaus Sengers Turnhose als Gemeinschaftssafe. Und luden Zick-Zack Roggensack im April 1971 herzlich zum skandalösesten Tor der Ligageschichte ein.

Natürlich kam die Mogelei heraus – und noch viel mehr Schweinereien gleich mit. Die Bundesliga hatte ihre Unschuld verloren und Schalke wenig später ein schlechtes Image gewonnen. „FC Meineid" wurden die Knappen über Jahre gerufen, weil die Herren in kurzen Hosen vor Gericht tapfer jedes Mauscheln leugneten. Doch die Juristen waren penibel und gnadenlos. Sie verhängten saftige Geldstrafen. Und sperrten, bis auf die dem Skandalkick fern gebliebenen Nigbur und Scheer, nach und nach das komplette Schalker Personal.

Für die einen das Karriereende, für die anderen Gelegenheit zu einem längeren Auslandsaufenthalt. Als die begnadigten Übeltäter wieder in Deutschland mittun durften, schworen sie sich eines: „Nie wieder…". Mancher, so hört man gerüchteweise, mit dem Zusatz: „… machen wir's so billig…"

Die Billigmeier

3 Ecken, 21 Elfer

Wie Norbert Nigbur fast im Alleingang den DFB-Pokal gewann

Helmut Pabst hatte sich riesig auf den größten Tag seines Lebens gefreut. Der Mann aus Marl hatte ganze 20 Minuten Bundesligaerfahrung vorzuweisen – und sollte nun ausgerechnet am 1. Juli 1972 als Schalker Keeper das Pokalendspiel gegen die Lauterer bestreiten. Ganz Gelsenkirchen ergriff darob leichte Panik – grundlos allerdings. Die Knappen hätten das Finale auch mit dem Novizen im Kasten haushoch gewonnen. 5:0 hieß es schließlich am Ende. Ein Ergebnis, das den Pfälzern sogar noch schmeichelte, den Schalkern bei der achten Finalteilnahme endlich den zweiten Erfolg eintrug und zudem als bis heute höchster Sieg in die Geschichte der deutschen Pokalendspiele eingegangen ist.

Doch des Pabstes Traum sollte wenige Minuten vor Spielbeginn zerplatzen. Stammtorwart Norbert Nigbur, im Bundesligaduell gegen die Bayern drei Tage zuvor am Knie lädiert, meldete sich überraschend und pünktlich zum Anpfiff wieder fit. Eine Wunderheilung erster Güte und für den Ballfänger folgerichtiger Abschluss einer tollen Saison. Als Rückhalt der besten Ligaabwehr hatte er entscheidend zum Vizemeistertitel beigetragen. Als Kronprinz hinter Maier und Kleff hatte er sich in den Dunstkreis der Nationalmannschaft gehechtet. Und als Tausendsassa mit Fang- und Schusskunst hatte er Schalkes Erfolgsstory im DFB-Pokal überhaupt erst möglich gemacht.

Das Halbfinal-Rückspiel gegen den 1.FC Köln – im Hinspiel waren die Blau-Weißen mit 1:4 unter die Räder gekommen – sollte für den Teilzeit-Sänger („44 Beine") und Hobby-Literaten („Wie ich wurde, was ich bin") zum Spiel seines Lebens werden. Die Partie enthielt alles, was ein elektrisierendes Fußballspiel braucht. Klare Führungen und tolle Aufholjagden. Pfostenglück und Verletzungspech. Verschossene Strafstöße und Tore in letzter Sekunde. Verlängerung und Elfmeterschießen. Nachdem er in der 105. Minute schon den ersten regulären Elfer gegen Biskup abgewehrt hatte, hielt er in der finalen Strafstoß-Lotterie auch noch die Bälle von Overath und Glowacz und versenkte selbst einen Ball hinter seinem Kölner Gegenüber Welz.

Nach gut 140 gespielten Minuten, 21 geschossenen Elfern und einem offiziellen Endergebnis von 11:7 stand S 04 im Endspiel. Fortan galt Nigbur als lokaler Säulenheiliger. Daran konnten selbst die längsten Koteletten der Ligageschichte nichts ändern.

(Alp-) Traumboy Nigbur

Ein riesenhafter Zwerg

Warum Klaus Fischer dank Günter Netzer nach Schalke kam

Eigentlich hätten sie Günter Netzer auf Schalke längst ein Denkmal setzen müssen. Nicht weil sich der Mann mit der markantesten Matte der westlichen Welt nach dem Wiederaufstieg 1991 als so genannter „Strategie-Berater" etwa unschätzbare Verdienste erworben hätte – da hat er für schlappe 16.000 Mark Monatshonorar eigentlich nur ein wenig in der Gegend herumtelefoniert.

Nein: Als Regent der Gladbacher Fohlen hatte Netzer in den 60er Jahren seinen Trainer erfolgreich von der Verpflichtung eines bajuwarischen Amateurstürmers namens Klaus Fischer abgehalten. „Chef, was wollen Sie denn mit dem?", soll er Hennes Weisweiler nach einem Probetraining des leicht untersetzten Kandidaten ins Gewissen geredet haben, „das wird doch keiner." Der ansonsten nahezu unfehlbare Coach gehorchte aufs Wort – und ärgerte sich später über seine unglaubliche Dummheit.

Aus dem Zwockel aus Zwiesel sollte nämlich binnen weniger Jahre ein echter Riese werden. 1970 über den Umweg 1860 München auf Schalke gelandet, schoss und köpfte und hackentrickste sich der goalgettende Glasbläser in die blau-weißen Herzen und Annalen. Er ist bis heute Schalkes Rekordtorschütze (295 Partien, 182 Treffer). Er ist Schalkes erster und bis Ebbe Sand einziger Torschützenkönig (29 Tore 1975/76). Er ist Schalkes torgefährlichster Nationalspieler (23 Tore in 30 Einsätzen). Und er ist auf ewige Zeiten Schalkes kurzlebigster Trainer – als Notnagel zwischen Ristic und Lattek gab er im Frühjahr 1992 für drei Spiele den Lautsprecher an der Seite. Dass er im Bundesligaskandal eifrig mittat, beim ersten Abstieg der Schalker 1981 jämmerlich versagte und auf seine alten Tage noch in Köln und Bochum fremdging, gerät bei so viel Schwärmerei fast in Vergessenheit.

Unvergesslich dagegen bleibt bis heute seine Leidenschaft für die Fallrückzieherei. Für seine akrobatische Art, den Ball ins Tor zu befördern, wurde er von den „Sportschau"-Guckern zum Torschützen des Monats, des Jahres, des Jahrzehnts und des Vierteljahrhunderts gewählt. Selbst mit fast 55 Jahren kann er es offenbar nicht lassen: Für ein Fallrückzieher-Tor in einem Nostalgie-Kick bekam Klaus Fischer im Juli 2003 zum insgesamt sechsten Mal eine „Tor des Monats"-Plakette. Günter Netzer, so viel sei angemerkt, ergatterte davon gerade mal vier...

Tor des Jahrhunderts!

Ein ordentlicher Schluck

Wie eine Fernsehfrau eine lebensverändernde Erfahrung machte

Ins kollektive Gedächtnis von Millionen Menschen zu gelangen, ist eine komplizierte Angelegenheit. Man muss nicht nur zur richtigen Zeit am richtigen Ort sein. Man muss dort auch die richtigen Sachen sagen. Wie John F. Kennedy 1963 an der deutsch-deutschen Mauer: „Ick bin ein Berliner!“ Wie Neil Armstrong 1969 beim erstmaligen Betreten des Mondes: „Ein kleiner Schritt für mich, aber ein großer Schritt für die Menschheit!“ Oder wie Michail Gorbatschow 1989 an die Adresse der Polit-Kader in der zerfallenden DDR: „Wer zu spät kommt, den bestraft das Leben.“

Hübsch gelernte Sentenzen, die heute in jedem besseren Zitatenlexikon ihren festen Platz haben. Und in Sachen Prägnanz doch nicht an jene Worte heranreichen, mit denen sich im Jahr 1973 eine Blondine aus Düsseldorf auf einen Schlag unsterblich machte. Da stand sie am Samstag Abend zu fortgeschrittener Stunde vor der Kulisse eines Fußballtores. Trug mit ihren 26 Jahren grünes Tuch mit roten Blümchen und reichlich Selbstbewusstsein zur Schau. Und riss das „Sportstudio“-Publikum nicht nur im Ruhrgebiet aus den Fernsehsesseln, indem sie mit dem ihr eigenen Charme einen Bericht über „Schalke 05“ ankündigte.

Kaum war der Versprecher raus, war Carmen Thomas Legende. Und Fußball-Deutschland auf den Barrikaden. Entsetzte Zuschauer ergingen sich in Hasstiraden auf die Journalistin und das ZDF. Empörte Fans forderten in Sachen Fußball einen frauenfreien Bildschirm. Des Deutschen ansonsten nur bedingt mächtige Mitbürger formulierten Morddrohungen und Foltervorschläge. Doch vergebens: Carmen Thomas blieb nicht nur am Leben, sondern – allem „Bild“-Bombardement zum Trotz – für weitere elf Sendungen und weitere anderthalb Jahre erste weibliche Moderatorin des „Sportstudios“.

Die Aufregung über ihren verbalen Ausrutscher soll sie – glaubt man hartnäckigen Gerüchten – seinerzeit noch in der Garderobe mit einem ordentlichen Schluck Eigenurin heruntergespült haben. Das würde die Tatsache, dass sie jenen Abend später als „lebensverändernde Erfahrung“ bezeichnen sollte, und die Existenz ihres späteren Buch-Bestsellers „Urin – Ein ganz besonderer Saft“ aufs Vortrefflichste erklären.

Carmen Thomas über den Gründermythos*)

(* s. Kapitel 1)

Laute(r) Lieder

Warum Schalke der musikalischste Verein der Liga ist

Dem einen mag es vor lauter Pathos kalt den Rücken herunterlaufen, wenn er Zehntausende euphorisierter Menschen à cappella „Steht auf, wenn ihr Schalker seid“ intonieren hört. Dem anderen indes mögen derartige Fan-Choräle schmerzhaft ins Gedächtnis rufen, dass es um die Sangeskraft in Gelsenkirchen schon einmal besser bestellt war.

Gut, das altehrwürdige „Blau und weiß, wie lieb ich dich!“ lässt in schöner Regelmäßigkeit zwar nicht mehr tausende, aber immer noch so viele imaginäre Feuer in der Nacht erscheinen, dass die Stadtwerke in solchen Momenten zwischen Buer und Erle eigentlich den Strom abschalten könnten. Auch das Getrommel von „Catweazle“ Olschewski oder das „Attacke“-Getröte von „Fio“ Fioretti zeugten lange Jahre von einer besonderen Schalker Musikalität.

Gegenüber den Darbietungen der 70er Jahre nehmen sich derartige Kabinettstückchen allerdings bescheiden aus. Was nicht die damaligen Fan-Gesänge meint, sondern die ihrer Idole. Seinerzeit verdienten sich die populärsten Kicker der Republik ihr Zubrot nämlich nicht wie heute als TV-Dummschwätzer oder Unterhosenmodel, sondern als Schlagersänger. Die Kremers-Zwillinge Helmut und Erwin etwa sangen sich mit „Das Mädchen meiner Träume“ auf Platz 44 der Hitparaden und in die Herzen zahlreicher Fußballbräute.

Torwart Norbert Nigbur, noch ein bisschen blonder als die Kremers-Rauschgoldengel, nahm mit hörbarer Talentfreiheit sogar drei Gesangs-Anläufe. Erst verbeugte er sich mit „Wenn Schalke 04 nicht wär“ vor seinem Arbeitgeber. Ließ dann „44 Beine“ folgen, das in erhabenen Worten von Sinn und Zweck des Fußballspiels kündete: „44 Beine / kämpfen um die kleine / Lederkugel auf dem Fußballfeld“. Und haute dann den epochalen Dreiminüter „Darum weißt du nichts von mir“ raus, dessen Verslein „In der Wohnung ging ein Licht an / Und ich dachte: Ein Gedicht, Mann!“ noch heute Eingang in jede Anthologie erotischer Lyrik finden sollte.

Gut 25 Jahre nach derartigen Heldentaten wechselte auch Gerald Asamoah einmal vom Stadion ins Studio und gospelte sich durch den eigens für ihn komponierten Song „He is King“. Die Nummer floppte fürchterlich. Erstens war sie in Englisch gesungen und deshalb nicht arenenkompatibel. Und zweitens handelte sie statt von Liebe oder Fußball von Gott. Und an den traut sich bekanntlich auch auf Schalke keiner ran – außer Libuda…

Schalke-Lieder, die die Welt veränderten...

Moneten-Voodoo

Warum sich Schalke einst Hannes Bongartz leisten konnte

Immer wieder liest man auf den bunten Seiten der Tageszeitungen lustige Geschichten von obskuren Voodoo-Zauberern, die dumpfe Deppen erfolgreich um nennenswerte Beträge erleichtern. Der Trick ist immer derselbe: Die Möchtegern-Potters behaupten, durch wiederholtes Besprechen und Bepieksen schnöder Geldscheine die jeweilige Summe verdoppeln, verdreifachen, ja verzehnfachen zu können. Die geldgierige Brut wittert prompt Mega-Gewinne, überlässt den Copperfields gutgläubig einen höheren fünfstelligen Betrag – und hat am Ende statt einer wundersam ins Fünffache vermehrten Summe gar nichts mehr auf dem Konto.

In Schalke allerdings scheinen sie in den 90er Jahren dem einzigen seriösen Vertreter dieser Geldvermehrungs-Sekte über den Weg gelaufen zu sein. Anders jedenfalls ist nicht zu erklären, welch exorbitante Summen die Verantwortlichen damals für des gepflegten Fußballspiels nur bedingt mächtige Mannen ausgegeben haben. Scherr oder Mihajlovic, Eckstein oder Christensen, Ljuty oder Hami – sie alle waren sündhaft teuer, aber Gehalt und Ablöse nicht wert.

Angesichts derart penetranter Geldvernichtung erinnerten sich die Fans gern vergangener Zeiten, da der Verein seine Anhänger noch direkt in Spielertransfers und die damit verbundenen Finanztransaktionen einzubeziehen pflegte. So sicherte sich der Klub 1974 die Dienste eines heinoblonden Mittelfeldmannes, indem er den Zuschauern bei den ersten Heimspielen der neuen Saison einen „Bongartz-Mark“ genannten Extra-Obolus abverlangte. Ohne diesen, so hieß es, hätte man die Kaufsumme für den Wattenscheider Spargeltarzan Hannes Bongartz nie zusammenbekommen – 750.000 Mark war damals nicht nur ein stolzer Preis, sondern die höchste Summe, die im bezahlten Fußball bis dato für einen Regionalligaspieler ausgegeben worden war.

Monate später, beim Heimspiel gegen die Bayern im März 1975, waren die Stadionbesucher sogar befragt worden, ob sie den Kauf des brasilianischen Nationalverteidigers Francisco Marinho vom FC Botafogo mit einer Sonderzahlung zu sponsern bereit wären. Das Ergebnis der Abstimmung sollte man nie erfahren. Von 70.000 Stimmzetteln tauchten nur 450 Stück wieder auf, der Voodoo-Trick hatte nicht funktioniert. Die Akte Marinho wurde daraufhin schnell zugeklappt – der Brasilianer musste weiter am Strand von Rio statt in der Emscher baden.

Bongartz - Sterntaler

Mein Freund, der Baum

Wie Schalke sich um den deutschen Nadelwald verdient machte

Erinnern Sie sich an „Buffy" Ettmayer, den genialen Austro-Schwaben vom VfB Stuttgart? An „Hoppy" Kurrat, den grätschenden Kugelblitz vom BVB? An „Katsche" Schwarzenbeck, den robusten Putzer vom Kaiser? Wen das Fußballvolk bejubelt oder belächelt, den schmückt es seit jeher auch in Schalke gern mit Spitznamen. Wer dabei keine Vornamen verniedlichen („Olli" Reck) oder Nachnamen verhackstücken („Abi" Abramczik) will, der unternimmt liebend gern Expeditionen ins Tierreich („Willi, das Kampfschwein" Wilmots), erfindet brasilianische Vorfahren („Schlippinho" Schlipper) oder verweist auf legendäre Vorbilder („Stan" Libuda).

Wie angenehm nüchtern kam bei all dieser Marktschreierei der Kosename Klaus Fichtels daher. „Der Wald stirbt, die Tanne steht!", jubilierten die blauweißen Anhänger, als der semmelblonde Abwehrmann auch im Vorruhestandsalter noch die Souveränität in Person war. Ein Ehrentitel, der Sinn macht. Zum einen, weil der Familienname des solcherart Geehrten durchaus entfernt ins Botanische spielt. Zum anderen, weil der Schweiger aus Castrop-Rauxel bis in die späten 80er Jahre vorbildlich die Tugenden sowohl des deutschen Nadelholzes als auch die einer eigentlich schon ausgestorbenen Fußballergeneration repräsentierte: Schlichtheit, Bodenständigkeit, Standfestigkeit.

Klaus Fichtel war der letzte Schalker, der noch so richtig nach Kohlenstaub und Waschkaue roch. Nach einer Ausbildung zum Bergmann wechselte er 21-jährig den Arbeitsplatz und malochte ab 1965 auf dem Rasen statt unter Tage. Er tat dies mehr als 20 Jahre auf die ihm eigene Art: zuverlässig, robust, herzblütig. Und mit Erfolg: Binnen fünf Jahren wurde er Nationalspieler, WM-Teilnehmer, Vizemeister und Pokalsieger. Nicht Szepan oder Kuzorra, Fischer oder Libuda, Thon oder Sand – im Grunde ist Klaus Fichtel der legendärste Schalker aller Zeiten. Ist er doch mit 477 Bundesligaeinsätzen bis heute Rekordspieler der Knappen. Und vermutlich für ewig Senior der Liga, weil er bei seinem finalen Kick am 21. Mai 1988 bereits methusalemische 43 Jahre und sechs Monate auf dem Buckel hatte.

Die einzige Ehrung, die ihm jemals widerfuhr, verdankt er jedoch nicht seinem Leib- und Magenklub, sondern dem arabischen Emirat Ajman. Das verewigte „Tanne" 1974 voller Ehrfurcht auf einer farbenfrohen Briefmarke.

....die Tanne steht !

Hals- und Beinbruch

Wie Manfred Drexler einst zum Fernsehstar wurde

Stolz gehört so selbstverständlich zu Fußballvereinen wie die Zigarre zu Rudi Assauer. Deshalb hat jeder Klub Urkunden, Trophäen, Pokale in seiner Asservatenkammer, die von legendären Spielen und großen Erfolgen künden. Und er hat in der Regel eine Reihe Spieler vorzuweisen, die sich mit besonderen Leistungen für ihren Klub unsterblich gemacht haben.

Auch beim FC Schalke gibt's von dieser Sorte eine ganze Menge. Klaus Fichtel zum Beispiel – er hat mit 477 Spielen die meisten Bundesligaeinsätze für S 04 absolviert. Klaus Fischer – er hat mit 182 Treffern die meisten Schalker Tore in der Bundesliga geschossen. Olaf Thon – er hat mit 40 Einsätzen als Knappe die meisten Spiele für die Nationalmannschaft bestritten. Klaus Scheer – er traf 1971 beim 6:2 über den 1.FC Köln gleich fünfmal ins Schwarze.

Die Leistung jedoch, wegen der Manfred Drexler in die Annalen des deutschen Fußballs eingehen sollte, ist von weitaus größerer Einzigartigkeit. Der Mittelfeldmann, in Fürth geboren und fußballerisch beim 1.FC Nürnberg groß geworden, war 1979 von Absteiger Darmstadt 98 nach Gelsenkirchen gewechselt und sichtlich aufgeregt, fortan mit Fischer, Abramczik, Rüssmann im Parkstadion statt mit Frey, Hahn, Metz am Böllenfalltor spielen zu dürfen. Gleich in seinem ersten Heimspiel traf er auf den FC Bayern. Dabei trat er, ohne dass Schiedsrichter Linn aus Attendorn etwas gemerkt hätte, seinem bereits am Boden liegenden Gegenspieler Wolfgang Kraus noch einmal mächtig in die Nieren.

Nach Ansicht der an Hardcore-Action gemahnenden Fernsehbilder reagierte die DFB-Gerichtsbarkeit. Erstmals in der Geschichte des deutschen Fußballs wurde ein Spieler auf der Basis von TV-Aufnahmen nachträglich verurteilt. Chef-Inquisitor Hans Kindermann hätte Drexler für dessen brutales Benehmen am liebsten auf die Streckbank geschnallt, ließ es angesichts des hierzulande gültigen Rechts jedoch bei einer Sperre von strammen zwölf Wochen und einer Geldstrafe von 5.000 Mark bewenden.

„Manni", der in den Folgejahren zwei Schalker Ab- und Aufstiege mitmachen sollte, galt fortan als böser Bube der Liga. Und beendete seine Karriere fünf Jahre später auf geradezu kongeniale Weise: Im DFB-Pokal-Viertelfinale in Berlin durchtrennte ihm Hertha-Keeper Quasten hart, aber herzlich Bänder, Knöchel und Wadenbein...

DFB-Anwalt Kindermann erfindet den Fernsehbeweis

Menschliches Maskottchen

Warum Charly Neumann ein Bruder vom Grotifanten ist

Es besteht kein Zweifel: Das deutsche Maskottchentum geht mehr und mehr vor die Hunde. Gut – in Köln gibt es seit ewigen Zeiten Reinkarnationen des seligen Geißbockes „Hennes“. Aber sonst? Seit Jahren sieht man in den Stadien der Republik nur kostümierte Halbdebile, die ihr Studium damit finanzieren, in putziger Tier-Montur auf und ab zu hüpfen und wie wild ins Publikum bzw. die Kamera zu winken. Das Fohlen „Jünter“ in Gladbach oder der Alligator „Fritzle“ in Stuttgart, der Bär „Hertinho“ in Berlin oder der Fuchs „Swinny“ in Karlsruhe, der „Grotifant“ in Krefeld oder das namenlose Doppelzebra in Duisburg: überall dieselbe blöde Bagage.

Nur auf Schalke nicht. Dort hält man sich seit Urzeiten das einzige menschliche Maskottchen der Welt: den Neumann „Charly“. Wenn jemand den Mythos Schalke symbolisiert, dann dieser leicht geölte ältere Herr, der mit Brötchen und Bratwurst sein Geld, als blau-weißer Oberfan aber sein Glück gemacht hat. Wann immer Präsidenten, Manager oder Trainer den Verein in Richtung seriöser Vornehmheit zu trimmen versuchten – bier-, sanges- oder tränenerfüllt holte Charly Neumann den Klub stets wieder aufs Kleine-Leute-Niveau zurück.

Der übergewichtige „Mannschaftsbetreuer“ hat, wie sonst wohl nur Rudi Assauer, ein Gespür für Selbstinszenierung. Legendär seine von Weinkrämpfen geschüttelten TV-Worte „Wir steigen wieder auf – ährlich!“, als Königsblau zum dritten Mal ein Ticket in die Zweitklassigkeit gebucht hatte. Leidenschaftlich seine tieftraurige Fahnenschwenkerei, mit der er den zu Grabe getragenen Idolen Kuzorra und Libuda auf dem Friedhof seinen letzten Gruß entbot. Lustig sein Gesangsversuch „Schalke 04, wir gehör'n zu dir“, mit dem er zwar nicht die Hitparaden aufmischte, seinen Leib- und Magenklub dafür aber ins Überirdische erhöhte: „Manchmal fragt man nach dem Sinn, will neue Wege gehn. / Weiß nicht so recht warum, wohin und wie die Sterne stehn. / Doch wir Kinder aus dem Kohlenpott hol'n uns die Kraft bei unser'm Verein. / Der muss wohl – direkt vom lieben Gott – ein Geschenk des Himmels sein.“

Kein Wunder, dass ein derart glaubensfester Mensch auch vom deutschen Film entdeckt werden musste. Regisseur Bernhard Wicki setzte Charly Neumann für „Das Wunder des Malachias“ gleich dreimal als Komparsen ein – als Journalisten, als Playboy und als Brezelbäcker...

Charly Neumann im Tränenmeer

Knapp vorbei ist auch daneben

Wie Schalke die dritte Liga nur haarscharf verfehlte

Die einen halten den Abstieg einer Fußballmannschaft für so etwas wie den größten anzunehmenden Unfall, die anderen sehen darin eine psychologisch hochinteressante Angelegenheit. Macht ein solches Ereignis doch Gewinner von gestern von einem Tag auf den anderen zu Versagern von heute. Es führt bei Spielern, Trainern, Funktionären wahlweise zu Weinkrämpfen, Gehaltseinbußen oder Vereinswechseln. Und animiert emotional tiefergelegte Anhänger bisweilen dazu, ihrem fortan sinnentleerten Leben mittels Messern, Medikamenten oder Maschinengewehren ein Ende zu setzen.

Eine derartige Achterbahn der Gefühle auch einmal in Gelsenkirchen an den Start zu bringen, bemühte sich der FC Schalke viele Jahre nach Kräften. Anfangs jedoch erfolglos. 1949 haben die Blau-Weißen als Oberliga-Vorletzter die Verbandsliga unmittelbar vor Augen – doch der Westdeutsche Fußballverband rettet sie durch eine Vergrößerung der Liga von 13 auf 16 Mannschaften. 1965 stehen die Knappen am Ende der Saison auf dem letzten Platz der Bundesligatabelle – doch der DFB verhindert den Gang in die Regionalliga, indem er die oberste Spielklasse einfach von 16 auf 18 Teams aufstockt. 1973 torkelt eine aller Skandalsünder entledigte Verlegensheitself zielstrebig dem Abgrund entgegen – doch ein Tor von Erwin Kremers verscheucht am vorletzten Spieltag den Gedanken an Zweitklassigkeit.

Der vierte ernsthafte Versuch allerdings gelingt: Nach einer Serie irrer Heim-Debakel (1:4 gegen Frankfurt, 0:4 gegen Düsseldorf, 0:6 gegen Bochum) steht im Sommer 1981 der erste Bundesliga-Abstieg der Vereinsgeschichte fest. Doch wer glaubt, die Blau-Weißen würden an der Schmach zerbrechen, irrt – sie finden vielmehr Gefallen daran. In den Folgejahren mausern sich die Gelsenkirchener zu wahren Abstiegsspezialisten. 1983 kicken sich die Knappen ein zweites Mal ins Fußball-Unterhaus, 1988 gar ein drittes Mal. Und machen sich in den Folgemonaten sogar daran, auch das Wagnis „Abstieg ins Amateurlager" einmal ernsthaft anzugehen. Unter Trainer Diethelm Ferner und gegen Gegner wie Aschaffenburg, Darmstadt oder Meppen haben sie die dritte Liga klar im Visier.

Am Ende jedoch verfehlen die Schalker ihr Ziel denkbar knapp. Der in der Saison eingewechselte Neucoach Peter Neururer nämlich lässt seine Jungs an den letzten zwölf Spieltagen nur noch dreimal verlieren, was am Ende des Spieljahres 36 Punkte und Rang 12 bedeutet. Pech gehabt – 34 Punkte hätten für einen neuerlichen Abstieg gereicht...

Abstieg?! Wenn ich das schon höre! Ein Bergmann steigt jeden Tag ab!!!
Brattattattatt
BURKH

Urschalker

Einer geht noch rein

Wie Schalke das schönste Unentschieden der Geschichte holte

Sieben Meisterschaften, vier Pokalsiege, ein UEFA-Cup-Triumph – an großen Spielen mangelt es in 100 Jahren Schalke wahrlich nicht. Das vielleicht allergrößte verließen die Knappen jedoch nicht als Sieger. Am 2. Mai 1984 galt es, den Gegner von Borussia Mönchengladbach fürs Pokalfinale zu ermitteln. Eigentlich eine klare Sache, traf im Parkstadion Zweitligist Schalke doch ausgerechnet auf den übermächtigen FC Bayern. Auf der einen Seite also wackere Biedermänner wie Schipper, Stichler, Opitz, auf deren anderen geniale Weltklässler wie Pfaff, Lerby, Rummenigge. Da hatten 71.000 Menschen zwar jede Menge Mut und Stimmgewalt mitgebracht, aber nur wenig Hoffnung, einer Sensation beiwohnen zu dürfen.

Doch sie alle sollten sich täuschen – die Partie geriet derart nervenzerreißend, dass ein Zuschauer vor Aufregung noch im Stadion verschied und zwei weitere sich mit Herzinfarkten gerade noch in die Lebensverlängerung retteten. 2:0 führen die Bazis schon nach zwölf Minuten, acht Minuten später steht's 2:2. Wieder treffen die Bayern, wieder zieht Schalke gleich. Nach einer Stunde liegt erstmals Blau-Weiß vorn, zehn Minuten vor dem Ende trifft Rot-Weiß zum 4:4. Verlängerung – in der die Münchner zweimal vorlegen und die Schalker zweimal prompt zurückschlagen. Zuletzt zum 6:6 in der letzten Sekunde der 120. Minute. Durch das dritte Tor von Olaf Thon. Der 18-Jährige wird in diesen zwei Stunden vom Zweitliga-Talent zum Volkshelden des Reviers und zum Sympathieträger für Millionen Fernsehzuschauer.

Doch auch andere wachsen an diesem Abend über sich hinaus. Thomas Kruse, der in zehn Schalke-Jahren gerade mal drei Tore schießen sollte, wämst einen fulminanten Freistoß in die Maschen. Volker Abramczik, im Vergleich zu seinem Bruder nur mit bescheidenem Talent gesegnet, beschäftigt die Bayern-Abwehr recht ordentlich. Und der wahrscheinlich erste deutsche Doppelnamenträger der Liga ackert für zwei – für Clute und für Simon.

Reichen sollte es trotzdem nicht. Das Wiederholungsspiel eine Woche später im Olympiastadion verliert Schalke unglücklich mit 2:3. Die Münchner ziehen ins Finale ein und gewinnen es prompt durch einen verschossenen Elfer des Noch-Gladbachers und Bald-Bayern Matthäus. Doch der FC Schalke ist für eine ganze Nation der Pokalsieger der Herzen.

Der Mythos lebt

Urbi et orbi

Warum der Papst ein Schalker ist

Die ultimative Fanzeitschrift für den unerschütterlichen S04-Anhänger heißt weder „Knappen-Report“ noch „Gelsen-Gazette“, weder „Thon-Angeber“ noch „El Arenal“. Sie trägt vielmehr stolz und strahlend den Titel „Schalke Unser“. Was vielerlei klar macht. Erstens, dass es sich bei den Königsblauen weniger um einen Fußballverein als vielmehr um eine Glaubensgemeinschaft handelt. Zweitens, dass in Schalke manchmal nur noch beten hilft. Und drittens, dass Fußballspiele und Gottesdienste mehr miteinander zu tun haben, als man gemeinhin glauben mag.

Eine Erleuchtung, die den sonst wenig inspirierten Mehrmals-Präsidenten Günter Siebert im Frühjahr 1987 in seiner ich-weiß-nicht-wie-vielten Amtszeit überkam. Erst wollte „Oskar“ das Parkstadion mit Minarett und Muezzin zu einer Mega-Moschee aufmotzen – schließlich gibt es in einer abgewandelten Strophe des Vereinsliedes „Blau und Weiß, wie lieb ich dich!“ die schönen Zeilen „Mohammed war ein Prophet / Der vom Fußballspielen nichts versteht / Doch aus all der schönen Farbenpracht / Hat er sich das Blau und Weiße ausgedacht“.

Weil das jedoch vor allem im Ramadan zu striktem Alkoholverbot geführt hätte, schwenkte der Pilsfreund und Hobby-Gastronom aufs Christentum um. Sieberts ursprüngliche Gedanken, die Gelsenkirchener Gotteshäuser von der Malerinnung in den Vereinsfarben anstreichen oder das dort Dienst tuende göttliche Bodenpersonal in königsblauen Kutten auftreten zu lassen, verschwanden schnell wieder in der Schublade. Stattdessen hatte er eine verwegene Idee: Der Stellvertreter Gottes auf Erden sollte fortan nicht mehr nur Jesus Christus, sondern auch den FC Schalke loben und preisen.

Besagter Johannes Paul II., in polnischen Kindertagen ein talentierter Kicker, wollte am 2. Mai 1987 im Rahmen seiner Deutschland-Tour vor 100.000 Katholiken im Parkstadion eine Messe abhalten. Also mischte sich am fraglichen Tag eine königsblaue Delegation unter die Pilger und ließ dem Eiligen Vater durch Ruhrbischof Hengsbach eine Urkunde zukommen, die ihn zum Ehrenmitglied des FC Schalke erklärte.

Vier Wochen später bekamen die Knappen die Zusage aus dem Vatikan. Und ein Jahr darauf die Quittung: Trotz bzw. wegen päpstlicher Fürbitten stiegen sie sang- und klanglos aus der Bundesliga ab.

Ein Schalkomobil für den Papst

Solarium und schwarze Kassen

Warum Schalke immer so prachtvolle Präsidenten hat

Wer sich „Präsident" nennen darf, sollte – so hoffen jedenfalls unverbesserliche Optimisten – zumindest in Ansätzen ein ehrenhafter Mensch sein. Deshalb nehmen die Bemühungen der Fußball-Bundesligisten nicht wunder, als oberste Repräsentanten halbwegs vorzeigbare Gestalten an die Vereinsspitze zu wählen, die über reichlich Geld, gute Manieren, einen ordentlichen Beruf, eine ansehnliche Begleiterin oder am besten über alles gleichzeitig verfügen.

So geriet über die Jahre ein illustres Völkchen auf die Präsidentensessel: ein Rechtsanwalt in Dortmund, ein Hörgeräte-Unternehmer in Hannover, ein Kaiser gar in München. Nur auf Schalke schien man sich über Jahre darauf geeinigt zu haben, die offizielle Vertretung des Vereins meist zweifelhaftem Personal zu überantworten. Georg König etwa hatte sich schon zu Zeiten der Bundesliga-Gründung als derart versierter Trickser hervorgetan, dass man sich, als seine schwarzen Kassen, gefälschten Rechnungen und manipulierten Steuerzahlungen ans Licht der Welt kamen, erschreckt die Frage stellte, ob er denn wenigstens seinen Doktortitel ehrbar erworben hatte.

Nicht weniger selbstverliebt gerierte sich Günter Siebert, unter dem Spitznamen „Forelle" Mittelstürmer der 58er-Meistermannschaft und ein derartiger Schwadronierer vor dem Herrn, dass ihn die S04-Mitglieder zwischen 1967 und 1988 gleich dreimal zum Präsidenten wählten, obwohl das Königsblaue, das „Oskar" ihnen vom Himmel versprochen hatte, in Wirklichkeit oft tristes Grau war.

Aus ähnlichem Holze war Günter Eichberg geschnitzt – auch wenn der solariumbraune Beau in Privatkliniken machte statt wie Günter Siebert in Getränkegroßhandel oder Gran-Canaria-Gastronomie („Oskars Pub"). Auch Eichberg war ein eitler Pfau, versprach sich vom Amte ewigen Ruhm und dem Volke rauschende Erfolge, musste das dafür benötigte Top-Personal aber auf derart abenteuerliche Weise finanzieren, dass er sich 1994 über Nacht in die USA absetzte und dem Klub als kleine Erinnerung gut 15 Millionen Mark Schulden hinterließ.

So viel verbrannte Erde konnte Michael Zylka gar nicht hinterlassen. Der trat nämlich 1988 drei Tage nach seiner Wahl schon wieder zurück. Weil Mitglieder herausgefunden hatten, dass er gar nicht – wie er behauptet hatte – als Betriebswirt sein Geld verdiente, sondern vielmehr als Oberstleutnant beim Militärischen Abschirm-Dienst ...

Schalkes populärster Nichtpräsi

Frustbewältigung im Hobbykeller

Warum Olaf Thon einen Lieblingsfeind hat

Eigentlich gilt Olaf Thon ja als lieber Junge. Ein bisschen redselig zwar mitunter, was ihm denn auch den Spitznamen „Der Professor" eingetragen hat. Doch ansonsten nett, höflich, freundlich. In zwölf blau-weißen Jahren und 295 Bundesligapartien für Schalke hat der bescheidene Bergmannssohn eine einzige rote Karte bekommen – das reicht eigentlich für die sofortige Verleihung des Friedensnobelpreises.

Doch in seinem Keller, so geht die Sage, soll der Bursche aus Gelsenkirchen-Beckhausen seine latente Aggressivität an einer Voodoopuppe auslassen. Die ist 1,73 Meter groß, guckt messianisch und ist Lothar Matthäus wie aus dem Gesicht geschnitten. Diese Plage des deutschen Fußballs nämlich sollte Olaf Thon zeitlebens im Wege stehen.

Immer wieder mal betrat Matthäus die Bühne, wenn Thon seinen Auftritt verpasst hatte. So im DFB-Pokalfinale 1984, das zu erreichen nach drei Thon-Treffern im Halbfinale gegen die Bayern eigentlich die Schalker verdient gehabt hätten. Der Mann des Finales aber hieß Matthäus, der das Spiel entschied, indem er zum Leidwesen seines Noch-Vereins aus Gladbach und zur Freude seines zukünftigen Klubs aus München im Elfmeterschießen den Ball auf die Tribüne drosch. Gleiche Rollenverteilung bei der WM 1990 – der großmäulige Lothar durfte Motor der weltmeisterlichen Mannschaft sein, während für den zurückhaltenden Olaf nur die weniger renommierte Rolle übrigblieb, das deutsche Team gegen England ins Endspiel zu elfmetern.

1992, Thon war mit den Bayern zweimal Meister geworden und im bajuwarischen Star-Ensemble der vielleicht beste, kehrte Matthäus aus Mailand nach München zurück und beanspruchte derart hartnäckig Olafs Rolle als Führungsspieler, dass dieser 1994 entnervt heim nach Gelsenkirchen flüchtete. Und 1998 dann, Thon hatte als bester Libero der Liga ein tolles Comeback im nationalen Leibchen gefeiert, übernahm während der WM plötzlich der ebenfalls zurückgekehrte Matthäus seine Rolle und führte das Team prompt ins Desaster gegen Kroatien.

Olaf Thon hat all das tapfer ertragen, nie gemeckert und sich allenfalls im Hobbykeller regelmäßig abreagiert. Die dortige Nadelpiekserei hat übrigens bestens geholfen. Von Lolita Morena, der „Bild"-Zeitung, Maren Müller-Wohlfahrt und allen guten Geistern verlassen, fristet Lothar Matthäus heute als Strafe für seine Missetaten eine graue Existenz als Trainer in Osteuropa.

Olafs Totalfeindschaft

Spiel ohne Grenzen

Wie elf „Eurofighter" das große Inter besiegten

Im Jahr des überraschenden UEFA-Cup-Coups bevölkerten den königsblauen Kader drei Niederländer (Mulder, de Kock, van Hoogdalem), zwei Tschechen (Latal, Nemec), ein Belgier (Wilmots), dazu als Reservisten zwei US-Boys (Dooley, Wagner) und ein Angolaner (Pereira). Die Mehrzahl der Mitspieler jedoch kam noch immer aus Westfalen: Lehmann und Max, Büskens und Anderbrügge, Eigenrauch und Thon. Gemeinsam wühlten und rackerten sie sich durch ein Jahr, das mit einem Trainerrauswurf begann, in Verletzungsdramen kulminierte und mit besagtem europäischen Adelsprädikat endete.

Eigentlich waren die Schalker in jenem Jahr gar nicht reif gewesen für den Gewinn des UEFA-Pokals. In der Bundesliga hatten sie mehr Spiele verloren als gewonnen, reihenweise Elfer versemmelt, grausame Kicks abgeliefert und sich zum Schluss mit 43 Punkten gerade mal auf Rang 12 gehievt. Dafür wuchsen sie international über sich hinaus. Unter Neu-Trainer Huub Stevens, der im Oktober 1996 den seines Zaubers rapide verlustig gegangenen Jörg Berger beerbt hatte, räumten sie nacheinander die Topteams Trabzonspor (Türkei), Brügge (Belgien), Valencia und Teneriffa (beide Spanien) aus dem Weg.

In den beiden Finals gegen das große Inter Mailand war ihnen von den Auguren klägliches Scheitern geweissagt worden. Doch dank eines belgischen Kampfschweines und eines Essener Elfmetertöters besiegten die Außenseiter den Favoriten und bescherten ihrem Klub den größten Erfolg der Vereinsgeschichte. Den UEFA-Pokal mussten sie ein Jahr später wieder rausrücken, der Titel „Eurofighter" indes haftet ihnen bis heute an.

Dabei hätten sie – streng genommen – dieses verbale Gütesiegel vier Jahre nach ihren furiosen europäischen Darbietungen zum Wanderpokal erklären und nach Cottbus weiterreichen müssen. Hatte der FC Energie im April 2001 doch den europäischen Einigungsprozess dahingehend auf die Spitze getrieben, dass er das Spiel gegen den VfL Wolfsburg ausnahmslos mit Ausländern bestritt. 14 Kroaten und Rumänen, Ungarn und Norweger, Tschechen und Polen: Gegen diesen Multikulti-Overkill nahmen sich die Völker verbindenden Bemühungen der Knappen trotz solcher Post-UEFA-Cup-Nachkäufe wie Eijkelkamp (Niederlande) oder Matellan (Argentinien), Goossens (Belgien) oder Varela (Uruguay) nachgerade bescheiden aus.

10 Eurofighter und 1 Kampfschwein...

Dorfdepp für Intellektuelle

Wie Yves Eigenrauch die Fußballwelt ad absurdum führt

Filigrantechniker, zarte Ballstreichler, Fußballdiven werden in jedem Stadion der Welt bejubelt, wenn sie den Zuschauern ihre Pirouetten und ihre Pässe über 50 Meter vorführen. Nicht so in Gelsenkirchen. Die Beckenbauers und Netzers und Schusters hätten selbst in königsblauer Kluft dem Fan nur schwer vermittelt werden können. Und wenn man es auf Schalke dennoch mal mit dieser Sorte Spieler versuchte, ging das nie lange gut – die Möllers und Oblaks und Jaras wissen ein Lied davon zu singen.

In der Stadt der Fördertürme und Grubenlampen schätzt man selbst in Zeiten, da die Zechen längst stillgelegt und die Unter-Tage-Kumpels zu Über-Tage-Dienstleistern strukturgewandelt sind, noch immer den Geruch von Blut, Schweiß und Tränen. Ausnahmen wie der sensible Bergmanns-Sohn „Stan" Libuda bestätigen da eher die Regel: Die Liebe des Schalker Fußballvolks fliegt seit Jahrzehnten am ehesten denen zu, die mit ihren Schraubstollen den Rasen umpflügen und das Spielgerät eher derb denn zart behandeln: „Tanne" Fichtel, „Willi" Wilmots, „Magic" Prus, „Boxer" Täuber.

Ironie des Schicksals allerdings ist, dass der beliebteste Grobmotoriker der jüngeren Schalker Vergangenheit zugleich als Aushängeschild einer intellektuellen Kicker-Avantgarde gilt. Yves Eigenrauch ist nämlich mitnichten der ostwestfälische Dorfdepp, für den ihn der eine wegen seiner Lerbecker Herkunft, der andere wegen seiner rustikalen Physiognomie halten mag. Der 1990 aus Bielefeld zu Schalke gestoßene Abwehrspieler kann vielmehr Abitur und eine Hornbrille vorweisen, interessiert sich für Kunst und Fotografie, liest statt des „Kicker" richtige Bücher und kauft statt „Bild" tagtäglich die „taz". Als er für diese auch noch die Kolumne „In Funnyland" zu schreiben beginnt, in der er in notorischer Kleinschreibung und dem Duktus der Pop-Literatur den oft absurden Alltag eines Berufsfußballers selbstironisch Revue passieren lässt, ist ihm der Ruf eines liebenswert-versponnenen Schlaumeiers nicht mehr zu nehmen.

Der Sympathie der Schalker Fans tut das jedoch keinen Abbruch. Im Gegenteil: Spätestens seit er im UEFA-Cup den großen Ronaldo zur Bedeutungslosigkeit verurteilte, gilt „Yyyyyves", der nach dem Karriereende ins Arena-Entertainment wechselte, als heißer Kandidat einer imaginären Schalker Jahrhundert-Elf.

Ostern für YYYYYves.......

In Liebe verhasst

Wie man auf Schalke eine freundliche Feindschaft pflegt

Im Tor ein Genie: Jens Lehmann. In der Abwehr vier echte Recken: Jürgen Sobieray, Marco Kurz, Rolli Rüssmann und Gerd Kleppinger. Im Mittelfeld drei unterschiedliche Charaktere: Steffen Freund, Uli Bittcher, Andi Möller. Im Sturm zwei Flankengötter und ein Knipser: Stan Libuda, Kobra Wegmann, Abi Abramczik. Reichlich Qualität auch auf der Bank: Toni Schumacher, Werner Lorant, Ingo Anderbrügge, Theo Bücker, Paul Holz, Gerd Kasperski. Und der Coach des Ganzen: Udo Lattek.

Ein illustres Team, das man sich da aus vier Jahrzehnten Bundesliga zusammenstoppeln kann. Und das ausschließlich aus Menschen besteht, die sowohl für den FC Schalke als auch für Borussia Dortmund in der höchsten Spielklasse tätig geworden sind. So schlimm kann die Feindschaft, welche die Freunde des gepflegten Zwistes so gerne zwischen Blau-Weiß und Schwarz-Gelb blühen sähen, also gar nicht sein. Klar freuen sich die Schalker, dass sie eine Meisterschaft (sieben statt sechs) und zwei Pokalsiege (vier statt zwei) mehr auf der Ehrentafel stehen haben als die Dortmunder. Klar freuen sich die Borussen, dass sie einen Europacup-Triumph (zwei statt einen) mehr als die Knappen zu verzeichnen haben und einen Weltpokalsieg dazu.

Ansonsten aber gehen beide Klubs relativ gesittet miteinander um. Außer in den direkten Duellen. Da toben die Tribünen. Da fliegen die Fetzen. Da spielen sich Szenen ab, die so mancher nie im Leben mehr vergisst. Wie im Mai 1947: In Herne gewinnt der BVB in den letzten zehn Minuten das Endspiel um die Westfalenmeisterschaft mit 3:2 und beendet die jahrzehntelange Dominanz der Schalker. Wie im Dezember 1985: Im Parkstadion schießt der S 04 den bis heute höchsten Sieg über den BVB heraus und macht die Gäste mit 6:1 nieder.

Oder wie kurz vor Weihnachten 1997 am letzten Spieltag vor der Winterpause. Im Westfalenstadion kommt Schalkes Torwart Lehmann nach einer unberechtigten Ecke in der 90. Minute durch den Borussen-Strafraum geflogen und kopfballt das Leder zum finalen 2:2-Remis ins Netz – das erste und bisher einzige Feldtor eines Keepers in der Bundesliga. Die Anhänger waren außer sich. Brauchten auf Weihnachten eigentlich gar nicht mehr zu warten. Und verziehen dem Zerberus fortan jedes Missgeschick – selbst seinen baldigen Wechsel nach Dortmund…

Heulsuse Ändy

Dunkeldeutsches Debüt

Wie Gerald Asamoah der Geschichte entgegenlächelte

Über Jahre war der „Neger Erwin“ Bundesdeutschlands Vorzeige-Exot. In Zeiten, da von den Agalis oder Mpenzas späterer Tage in der Bundesliga noch nichts zu sehen war, galt der schokobraune Sohn einer münsterländischen Mutter und eines schwarzamerikanischen Vaters hierzulande als mittelschwere Sensation. Als der Dunkeldeutsche mit dem abgrundtief westfälischen Namen Erwin Kostedde nach der WM 1974 Gerd Müller auf dem Mittelstürmerposten im Nationalteam beerbte, hatte eine neue Zeitrechnung begonnen – erstmals in der Sportgeschichte kickte mit dem pummeligen Afro-Look-Träger ein farbiger Spieler im Trikot mit dem Adler.

27 Jahre schien diese epochale Leistung ein Ausbund an Originalität und Einmaligkeit – dann wurde sie regelrecht zerbröselt. Am 29. Mai 2001 nämlich beim Duell gegen die Slowakei debütierte mit Gerald Asamoah erstmals ein Spieler in der nationalen Equipe, der nicht nur pechschwarz, sondern auch noch gebürtiger Afrikaner ist. Der robuste Dauerlächler vom FC Schalke entstammt jedoch keineswegs einer ehemaligen deutschen Kolonie wie Togo oder Kamerun. Geboren vielmehr im ghanaischen Mampong, kam das in Gelsenkirchen gern „Blondie“ gerufene Kraftpaket im Alter von zwölf Jahren nach Deutschland. Die Sprache verstand er nicht, das Fußballspielen umso besser. Hannover 96 baute den kantigen Angreifer mit 17 ins Regionalligateam ein. Mit 19 war er ein Star in der Zweitligaelf der Niedersachsen.

Und wenig später ein heißes Medienthema. Nach einem Punktspiel war Gerald Asamoah im VIP-Raum zusammengebrochen. Ärzte stellten eine chronische Verdickung der Herzscheidewand fest und erteilten dem Stürmer absolutes Sportverbot. Erst US-Spezialisten im „National Health Center“ von Washington sorgten nach fünftägigen Untersuchungen für die Fortsetzung seiner Karriere. Sie diagnostizierten ein Restrisiko von einem Prozent, schrieben ein Wiederbelebungsgerät am Spielfeldrand vor und bliesen zum Wiederanpfiff.

Frisch gestärkt wagte er den Sprung nach Schalke, wurde dort zweimal Pokalsieger, einmal Meister der Herzen und im Sommer 2002 in Yokohama gar Vizeweltmeister. Ob er all dies nun den Medizinern, Rudi Assauer oder Rudi Völler verdanke? Gerald Asamoah bevorzugt einen vollkommen anderen Kandidaten: „Ich vertraue in allem ganz auf Gott!“

Schwarz, schwärzer, schwarzrotgold...

Meister der Schmerzen

Warum man auf Schalke Zahnärzte nicht leiden kann

Zahnärzte sind hierzulande die vielleicht bestgehasste gesellschaftliche Gruppe. Hält man sie doch für Folterknechte, die an anderen ihren Sadismus ausleben. Für Perverslinge, deren „Arbeit" zuallererst der sexuellen Luststeigerung dient. Oder einfach für arme Willis, die sich zu Herren über Leben und Tod aufplustern, weil sie als Kinder außer „Rotbäckchen" von Mutti nicht viel Gutes abbekommen haben.

Alles dummes Zeug, blöde Psychologisiererei? Mitnichten! Was nämlich ein pfälzischer Zahnklempner namens Markus Merk den Schalkern am 19. Mai 2001 antat, bestätigt jedes Vorurteil und die frappante Charakterschwäche der Dentisten-Brut. Besagter Herr tauscht wochenends den Kittel des Arztes gern mal gegen den eines Schiedsrichters. An jenem Maisamstag frönte er seiner Leidenschaft in Hamburg, wo der HSV auf die Bayern traf. Es war der letzte Spieltag der Saison, die Bajuwaren hatten drei Punkte Vorsprung vor dem FC Schalke und brauchten einen mickrigen Punkt zur Meisterschaft. Während die parallel gegen Absteiger Unterhaching kickenden Knappen aus einem zeitweiligen 0:2 doch noch ein souveränes 5:3 machten, schienen die Bayern das benötigte Unentschieden locker nach Hause zu schaukeln. Bis in der 90. Minute HSV-Stürmer Barbarez per Kopf zum 1:0 ins Bayerntor traf.

In Schalke sprach sich der Last-Minute-Treffer in Windeseile herum und sorgte für wilde Umarmungen, ekstatische Schreie, heiße Tränen. Als es dann noch hieß, das Spiel in Hamburg sei aus und Königsblau folgerichtig Meister, kam es im Parkstadion zu Szenen, die mit dem Begriff „Orgie" noch unzureichend beschrieben sind. Was Zahnarzt Merk wohl in seinem Allmachtsgefühl zutiefst verletzte. Er ließ in Hamburg einfach vier Minuten länger spielen, verwechselte „Fehlpass" mit „Rückpass", pfiff im HSV-Strafraum einen unberechtigten Freistoß für die Bayern. Und ermöglichte Andersson einen finalen Schuss zum 1:1.

Vier Minuten lang gehörte die Schale den Schalkern – dann nahm der Parteiische sie ihnen wieder weg. In Gelsenkirchen brachen darauf alle Dämme. Die Spieler heulten Rotz und Wasser. Die Seelsorger schoben Sonderschichten. Und etliche empörte Fans standen noch im Stadion am Rande eines Herzinfarkts. Weshalb man seit jenen fatalen Vorkommnissen den FC Schalke in Mediziner- und anderen Kreisen folgerichtig nur noch den „Meister der Herzen" nennt.

Flucht ans Ende der Welt:
Als Schalke wieder nur Meister der Herzen wurde...

Der Bekloppte und sein Beschützer

Warum Jörg Böhme sein Glück Andreas Möller verdankt

Sein großes Glück hieß Andreas Möller. Als der nämlich im Sommer des Jahres 2000 von der Dortmunder Borussia zum Gelsenkirchener Nachbarn wechselte, geriet die blau-weiße Welt für Wochen aus den Fugen. Protestbriefe, Massenaustritte, Telefonterror, am Ende sogar eine Anti-Andi-Website www.moeller-raus.de im Internet: Die an Malocher gewöhnten Fans wollten den als Heulsuse verschrieenen Balltreter auf keinen Fall im Schalker Trikot sehen. Und bekamen in ihrer Rage gar nicht richtig mit, dass Manager Assauer quasi im Windschatten des 1990er-Weltmeisters noch eine zweite Reizfigur zu den Knappen gelockt hatte: Jörg Böhme.

Der aus der ostdeutschen Metropole Hohenmölsen stammende Kampfhundbesitzer hatte sich sein Negativ-Image im Gegensatz zu Möller nicht mit fortgesetzter Weicheierei, sondern mit chronischem Vereins-Hopping (Nürnberg, Frankfurt, 1860, Bielefeld) und vor allem mit einer Vorstrafe wegen gefährlicher Körperverletzung in Tateinheit mit schwerem Raub geradezu vorbildlich erarbeitet. Auch in Schalke wurde „der Bekloppte" seinem Ruf als Rüpel durchaus gerecht, indem er sich in 29 Erstligapartien zehn gelbe und eine rote Karte abholte.

Doch erstmals in seiner sportlichen Karriere setzte der Linksfuß auch gänzlich andere Akzente. Er machte mit dem Ball derart verrückte Dinge, dass die Zuschauer ihn schnell in ihr Herz schlossen. Schlug so exzellente Flanken und Freistöße, dass er sich schnell im Nationaldress wiederfand. Half mit Kampfkraft, Spielwitz und zehn Toren entscheidend dabei, dass der FC Schalke bis zur letzten Sekunde des letzten Spieltags an seiner ersten Bundesliga-Meisterschaft schnuppern durfte.

Und sorgte beinahe im Alleingang für den Gewinn des DFB-Pokals im Sommer 2001. Im Viertelfinale gegen den Oberligisten Magdeburg erzielte er das einzige Tor, im Finale gegen den Drittligisten Union Berlin gar beide Treffer zum 2:0-Endstand. Auch die Pokal-Titelverteidigung ein Jahr später gegen Bayer Leverkusen beruhte zu nicht geringen Teilen auf der Genialität des unorthodoxen Böhme, dessen Freistoßtor zum Ausgleich kurz vor der Pause das Spiel Richtung Schalke kippte. Am Ende hieß es 4:2 – das vorentscheidende 3:1 schoss übrigens Andreas Möller…

Hundefreund Böhme

„Dem Rudi Assauer sein Lebenswerk“

Wie die „Arena AufSchalke“ zu ihrem Namen kam

Vor ein paar Jahren war die Welt der Fußballfans noch in Ordnung. Am Tag des Spiels sangen sie „So ein Tag, so wunderschön wie heute“ und nicht „We are the champions“. Da aßen sie Bratwurst mit Senf und nicht Rehrücken auf Trüffel-Sorbet. Da gingen sie ins „Volksparkstadion“ und nicht in die „AOL-Arena“. Dass gewisse Fans nunmehr stolz ihre englischen Sprachkünste vorführen und ihre auf Biolek-Niveau getunten Mägen mit Schickifraß verwöhnen – geschenkt. Aber dass sie klaglos in Sportstätten pilgern, die da „AWD-Arena“, „Volkswagen-Arena“ oder „BayArena“ heißen – das erfüllt den Straftatbestand der Erregung öffentlichen Ärgernisses.

Auch auf Schalke hat man sich diverser alter Fußball-Heimaten ohne große Tränen entledigt. Vergessen die Wiese am Haus Goor, wo 1904 alles begann, der städtische Sportplatz an der Taubenstraße, die Rubenssche Wiese zwischen Grenz- und Industriestraße. Abgehakt die Glückauf-Kampfbahn, Symbol der engen Verbindung von Bergbau und Balltreterei, wo die Knappen von 1928 bis 1973 fast ein halbes Jahrhundert zuhause waren. Gedanklich begraben das Parkstadion, anfangs Sinnbild des neuen Ruhrgebiets und zuletzt Schauplatz einer denkwürdigen Vier-Minuten-Meisterfeier.

Stattdessen haben die Fans ein Multifunktions-Dingsbums gleich nebenan zu ihrer neuen Kirche erklärt. Der sündhaft teure Klotz mit herausrollbarem Rasen und zuklappbarem Dach soll offiziell die Größe der Königsblauen demonstrieren. Inoffiziell aber ist es ein Denkmal, das sich Rudi Assauer selbst errichten wollte. Der Manager hatte den Vereinsoberen bei den Planungen des Mega-Stadions nämlich nicht nur von 32 Kiosken, 36 Herrentoiletten und 72 VIP-Logen vorgeschwärmt. Sondern für das gigantische High-Tech-Teil auch gleich Namensvorschläge parat: „Rudis Beste Rampe“, „Zigarren-Zirkus“, „Dem Rudi Assauer sein Lebenswerk“.

Am Ende jedoch fehlte dem Manne das nötige Kleingeld, um sich den Stadion-Namen kaufen zu können, und so setzte sich eine Mischung aus Mainstream und Pütt-Romantik durch. Das Wort „Arena AufSchalke“ macht zwar die Herzen all jener weit, die mal „auf Zeche“ gearbeitet haben. Den Spielern indes machte das architektonische Wunderwerk aus Museum und Videowürfel, Kapelle und infernalischer Sommerhitze zunächst einmal eher Angst und schwere Beine. Seit dem Eröffnungs-3:3 gegen Bayer Leverkusen im August 2001 haben die einst so heimstarken S04-Kicker gerade mal die Hälfte der Spiele in der Arena gewonnen.

Kann manchmal ziemlich warm werden, bei uns in der Arena!
BURKH

Arena? Cool!!!

Wir sind die stärkste der Partei'n

Warum Schalke bei der nächsten Bundestagswahl antreten sollte

Wer glaubt, Schalke 04 sei nichts anderes als ein mehr oder weniger normaler Fußballverein, irrt gewaltig. Schalke ist Kult und Religion, macht süchtig und glücklich, hat Sex und Macht. WDR-Reporter Karl-Heinz Vest sprach einst die weisen Worte: „Wenn Schalke eine Partei wäre, dann hätte sie locker über fünf Prozent!"

Zugegeben: Sein Satz ist bis heute reine Spekulation geblieben. Doch aus der Erfahrung vergangener Jahrzehnte darf als gesichert gelten, dass der Klub in einem derartigen Falle schlagartig zur neuen Heimat unterschiedlichst kolorierter Politprominenz aufstiege. Ludger Vollmer etwa, dereinst Bundestagsabgeordneter der Grünen und einige Jahre Staatssekretär im Auswärtigen Amt unter Joschka Fischer, sprach sich schon 1988 für eine Fusion seiner schwer kriselnden Partei und seines gerade abgestiegenen Lieblingsverein aus. Alternativpartei wie Fußballklub seien durch realpolitische und fundamentalistische Grabenkämpfe derart entzweit, dass die Forderung der Zukunft nur lauten könne: „Die Grünen in die Bundesliga, Schalke in den Bundestag."

Auch Ex-Kanzler Willy Brandt machte aus seiner Sympathie für den stets als SPD-nah geltenden Arbeiterverein aus Gelsenkirchen nie einen Hehl. 1975 soll er sich auf einer Jugoslawienreise sogar als eine Art Spielervermittler betätigt haben. Weil der beabsichtigte Transfer des bei der WM 1974 auffällig gewordenen Spielgestalters Branco Oblak von Hajduk Split nach Schalke ins Stocken geraten war, soll der Sozialdemokrat beim sozialistischen Staatschef Tito Schönwetter gemacht und für den Wechsel geworben haben – bekanntlich mit Erfolg.

Das engste Verhältnis aller Berufspolitiker zu den Königsblauen unterhielt jedoch zeitlebens Jürgen W. Möllemann. Der mehrmals ministrable Freidemokrat, dessen fußballernde Verdienste im halbrechten Mittelfeld der DJK Grün-Weiß Appeldorn zu Recht dem Vergessen anheim gefallen sind, ließ sich als bekennender Opportunist in den S04-Verwaltungsrat wählen, pflegte bisweilen per Fallschirm zu den Heimspielen der Knappen einzuschweben und mischte immer fleißig mit, wenn es auf Schalke mal wieder einen Präsidenten aufzubauen oder abzusägen galt. Dass er im Sommer 2003 allerdings deshalb vom Himmel auf die Erde fiel, weil er den Verfall der Schalker Spielkultur nicht mehr mit ansehen mochte, ist bis heute nur ein unbestätigtes Gerücht.

Willy Brandt privat...

Jetzt geht's los!

Wie Schalke zum 100. Geburtstag die Weltherrschaft erobern will

Das Jubiläumsjahr 2004 war nach den Plänen Rudi Assauers als das glorreichste in der Geschichte des FC Schalke ausgeguckt. Die Knappen sollten pünktlich zum 100. Geburtstag Meisterschaft, Pokal und UEFA-Cup ins Revier holen – zumindest aber einen dieser Titel. Das war Neu-Trainer Heynckes als Arbeitsauftrag mitgegeben worden. Doch der Jupp, mit den Bayern Deutscher Meister und mit Real Madrid gar Champions-League-Sieger geworden, hatte nach alter spanischer Sitte bei Assauers Brandrede wohl gerade Siesta gehalten.

Die Mannschaft pflegte in der Saison 2003/2004 ihre Spiele jedenfalls nicht zu gewinnen – sie verlor und verlor und verlor. Die Meisterschaft vergeigte sie derart rasant, dass erste Unzufriedene bereits zur Winterpause ihre Dauerkarten bei Ebay für 1 Euro 50 zum Kauf anboten. Den Pokal verspielte sie derart dilettantisch, dass selbst die des gezielten Torschusses höchst unverdächtigen Freiburger siebenmal einnetzen durften. Und den UEFA-Cup verelfmeterte sie in Kopenhagen derart gruselig, dass Spötter den Antrag stellten, speziell für Schalke-Spiele entweder das Tor zu vergrößern oder alternativ den Torwart zu verkleinern.

Angesichts dieser Pannenserie sah Rudi Assauer die größte Geburtstagsfeier seit der Niederkunft des Heilands in allgemeinem Frust ertrinken – und handelte. Das Jahr 2004 definierte er kurzerhand vom Höhe- zum Wendepunkt um. Sprach vom fulminantesten Neubeginn seit Erfindung des Transferwesens. Und baggerte alles an, was nicht bei drei auf den Bäumen war.

Die Herren Hinkel und Kuranyi verweigerten ihre Liebesdienste noch, die Herren Ailton und Krstajic hingegen erlagen dem Assauerschen Werben. Und sie sollen demnächst schier unglaublichen Zuwachs erhalten. Denn inzwischen, so wissen Insider, unterschrieben Michael Owen und Thierry Henry, Andrzej Shevchenko und Ruud van Nistelrooy, Michael Ballack und als Krönung gar Ronaldo Arbeitsverträge bei den Königsblauen. Bevor sich alle Welt über das Finanzgebaren des S 04 wundern konnte, zog Stumpen-Rudi auf der 100-Jahre-Megaparty in der Arena den neuen Überraschungs-Sponsor aus der Tasche: „Banco Vaticano“. Was die Ehrenmitgliedschaft eines polnischen Papstes doch so alles ausrichten kann...

Das Wunder von Schalke...

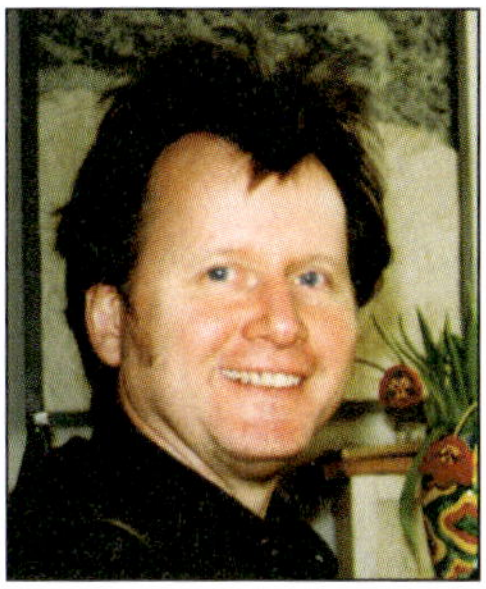

BURKH

Jahrgang 1952, erlebte seine frühkindliche Fußballsozialisation in seiner damaligen Heimatstadt Mönchengladbach. Später studierte er Kunst in Münster und war dort lange Jahre als Dozent für Cartoon und Comic an der Universität und der Fachhochschule Münster tätig. Er hat 14 Bücher gezeichnet und für Zeitungen und Zeitschriften wie Titanic, Kowalski, Eulenspiegel, Pardon, taz, Coolibri, Die Zeit, Süddeutsche Zeitung, Metall, GEO, Kicker, Hattrick u.a. gearbeitet. Hinzu kommen zahlreiche Ausstellungen im In- und Ausland. Heute lebt er als freier Cartoonist in Köln mit der Sorge, dass sein in Köln geborener Sohn „von fanatisierten Kindergartenpädagoginnen und verblendeten Spielkameraden womöglich zum FC-Fan umgebogen werden könnte!"

Holger Jenrich

1959 im Sauerland geboren und im Ruhrgebiet aufgewachsen, hat sich schon im Grundschulalter den Bestechungsversuchen seines BVB-Onkels Willi erfolgreich widersetzt und sich fußballerisch andersfarbig orientiert. Nach Publizistik-Studium und Promotion an der Uni Münster hat Jenrich das Westfalenland verlassen. Heute lebt er als Redaktionsleiter einer Fachzeitschrift in Hannover. Zum Thema „Fußball" hat er etliche Bücher veröffentlicht, darunter im Verlag Die Werkstatt eine Vereinschronik, ein Lexikon und ein satirisches Geburtstagsbuch über Borussia Mönchengladbach.